中国传世智巧器具

TRADITIONAL
CHINESE
PUZZLES II

[美] 雷彼得　张卫　刘念　著

生活・讀書・新知 三联书店

此书献给发明制作了这些智巧器具的无名工匠们
以及将它们传播到世界各地的人们

目录

序言	谢瑞华	6
不解之缘	雷彼得	8
中国传世智巧器具概述		12
连环戒指与手镯		19
机关锁具		39
机关匣盒及家具		91
倒流壶		129
公道杯		173
浮水杯		209
趣壶		227
视觉游戏		263
致谢		306
图像来源		309

序言

谢瑞华
(Terese Tse Bartholomew)

喜马拉雅美术部、
中国装饰美术部主任
（退休）
美国旧金山
亚洲艺术博物馆

在旧金山亚洲艺术博物馆担任中国装饰美术部主任时，我的一部分工作是每月为博物馆会员鉴宝。1997年的一天，雷彼得、张卫夫妇捧着一个精美的漆器匣子走进了鉴定室。打开一看，满满的一盒广州制作的古董象牙游戏和玩具，每一件都是精雕细琢，又不同于我经常见到的古董象牙艺术品。这些物件不仅可以"赏"，更可以"玩"，就连我这个不善于竞技游戏的人也不禁好奇地拿起来几个，看看是怎么个玩法。一整套的游戏装在这么漂亮的匣子里，当年一定是受欢迎的馈赠佳品。自那以后，雷彼得、张卫夫妇又带来了更多的中国益智游戏类古玩向我们展示，一来二去，我们成了朋友。

张卫和雷彼得是很专注的收藏家，他们的热情极富感染力。我的女儿木兰恰好有我不擅长的数学推理能力，因为他们的缘故也喜欢上了中国传统益智游戏，还用陶土自己制作了一套七巧攒盘。我也被潜移默化地影响了，在中国旅行时，处处留意与益智游戏有关的小物件。

有次我和博物馆的同事要去上海，正好帮张卫给巧环艺人阮刘琪的孙女带些东西。她在豫园卖巧环，见到我们十分高兴，坚持要送给我们几个最复杂也最好玩的巧环。我有自知之明，连忙摇头谢绝，最后拗不过，只好拿了一个最简单的巧环。在她飞快而又轻松的展示下，连我自己都认为解环是多么容易的一件事。然而我和同事在从上海到南京的火车上花了三个小时轮流摆弄，就是解不开，沮丧极了。直到我们飞回旧金山，放到女儿木兰手里，不出一分钟便解开了。

慢慢地，张卫和雷彼得的益智游戏收藏积少成多，并在研究方面有了建树。他们的成果呈现在《趣玩 I》中。我衷心祝贺他们多年的努力终于取得了成果，铁杵终于磨成针；同时也祝贺刘念，精湛的摄影造型让藏品熠熠生辉；这本书的设计和编辑使雷彼得、张卫的故事更为生动活泼了。

当雷彼得和张卫邀请我为《趣玩 II》写序言时，我感到很荣幸。我常提醒雷彼得和张卫，在研究中国益智游戏时，不要忽略它们上面独特的传统装饰。中国益智游戏之所以冠以"中国"之名，并不代表它们一定是中国人发明的，很多时候是因为它们被中国工匠本地化了，从而为中国所独有。

中国人生活中的一切装饰几乎都有吉祥的寓意，希望这些既漂亮又带来好运的装饰让他们心想事成。如果一个物件表面没有装饰，那么这个物件本身也许就是个吉祥造型。比如桃子在中国文化中被视为长生不老的仙果，于是有了桃形倒流壶，用来表达长寿的愿望。因为"蝠"与"福"同音、"蝶"与"耋"同音，蝙蝠、蝴蝶的形象经常出现在中国的银制连环戒指、穿戴服饰及各种生活用品上，寓意多福多寿。此外还有公道杯里的寿老、戒指上的莲花童子、手镯上的喜鹊登梅，不胜枚举。

各种益智游戏物件上的花鸟虫鱼、诗词书画，更是透露出中国传统文化中的闲情逸致。有一次张卫和雷彼得问我是否认得一套瓷七巧盘上的花卉。这可比解头疼的益智游戏轻松多了，更何况我的先生是位植物学家，我们一同兴致盎然地找出了七巧攒盘上一百六十多个花卉图，共几十种花植。

在我近四十年研究宜兴紫砂陶器所过目的物件里，雷彼得和张卫向我展示过的那只公道杯算是精品。里面有个栩栩如生的汉钟离，桃形杯底有可爱的花生、蚕豆和白果做杯足。如不贪心，注酒适量则可正常饮用，满则酒水全漏之，教人"满招损，谦受益"的道理。不过让我更惊叹的是雷彼得、张卫拥有一对既是浮水杯又是公道杯的紫砂杯。我羡慕他们的好运，要知道世上已知的浮水公道杯，一只深藏在故宫，一只则是南京博物院的镇馆之宝。

收藏研究耗费大量的时间和精力。雷彼得、张卫每年去两次中国，而且天还没亮就去逛乡村古玩集市，到处寻访、不停奔波，我不由得佩服他们的精力和精神。尤其是为了采集传统机关锁具的信息，仅湖北岳口就去了八次，不但找到了在世的最后几位锁匠，还取得了珍贵的资料。山西更是他们必去的地方，那里有雷彼得最喜欢的地域特征极强的山西机关匣盒。而刘念则在每次跟随的旅行中不停地拍摄记录雷彼得、张卫与当地人交流的真实故事和探索发现的过程。有一次她在乡村古玩集市上甚至意外地发现一个摊主的父亲居然过去做过倒流醋壶，而且现在还在做。因为这个惊喜的发现，我们得以在书中看到倒流醋壶在摊主父亲昏暗拥挤的小作坊里的制作过程。

此书除了有大量从未发表过的珍稀资料，还有许多精美的图片和结构原理图。它不仅有极重要的参考价值，而且是世界上第一部中国传世智巧器具的专著。希望读者和未来的学者们从中得到启发，对中国益智游戏和智巧的生活器具这一引人入胜的主题进行更多的研究。

谢瑞华著述
目录

I-Hsing Ware
（《宜兴陶器》），
1977 年

Myths and Rebuses in Chinese Art
（《中国艺术中的神话与寓意》），
1988 年

Hidden Meanings in Chinese Art
（《中国吉祥图案》），
2006 年

The Dragon's Gift: The Sacred Arts of Bhutan
（《龙的礼物：不丹的神圣艺术》），
2008 年

不解之缘

雷彼得
Peter Rasmussen

> 每搜集文玩器物，不论来源为何，价值多少，总有一个经历。经历有的简单平常，有的复杂曲折，有的失之交臂，有的巧如天助。越是曲折，越是奇巧，越使人难忘。[1]
>
> ——王世襄，1995年

请容许我在开始之前，先烧三炷高香给我的父母。没有他们，就不可能有今天的我和我们的这本书。

我的父母当年在美国的南方当教授，也是民权活动家。母亲17岁时，只身从纳粹的魔爪下逃生到美国，后来成为世界知名的数学教育家。1984年，她应人民教育出版社之邀访华，父亲随行。返美后，父亲自发为中国募集了24台苹果电脑，并于1986年率领一个专家团再次来华，普及计算机基础教学。我不放心七十岁的父亲工作完之后独自在中国旅行，决定去陪他，并经由香港来到了北京。在那个炎热的夏日，紫禁城边上的人民教育出版社旧址二楼，父亲将他的帮手张卫——我未来的太太，介绍给了我。

1986年的首次中国之旅似乎是上天的安排，让两个有相同兴趣爱好的人在最恰当的时候、最合适的地点，被最想象不到的介绍人带到了一起。我曾经是中学数学老师，受母亲的影响，经常在课堂上用益智游戏做教具，后来还一直在加利福尼亚州出版数学书籍。张卫则从小就喜欢益智游戏，最爱看《趣味数学》。11岁的时候看到别人玩连环游戏，不肯借给自己玩，她居然回家用铁丝、罐头皮和窗帘扣环，钳出一个一模一样的五连环来。令人匪夷所思的是，大多数人永远搞不懂的难题，她当天就能自己琢磨出解法来！感到无比自豪的她从此更加喜欢益智游戏了。1968年，张卫的父亲被关进"牛棚"，张卫的母亲带着孩子们住进了仓库改造成的家。仓库里有老鼠，张卫母亲只好把两袋米面放进木箱。木箱有个搭扣，老鼠自然是没有办法去掀开的。然而"文革"期间没有玩伴、习惯自娱自乐的张卫闲着没事，居然做了个铁丝巧环将搭扣锁住。张卫母亲下班回来横竖解

我（右一）和弟弟（左一）跟随父亲（左二）来到北京并偶然认识了张卫（左三）
人民教育出版社
北京
1986年

"艺智堂"的题字
爱新觉罗·毓嶦题
2009 年
北京

不开那个巧环，又不忍心把女儿的杰作一钳子剪开，只好耐着性子等张卫在外面玩尽兴了回来。张卫看到等米下锅的母亲才意识到，自己动了脑子却不小心差点让全家饿了肚子。多年后，每当我买古董收不住手时就想，也许张卫也该给我钱包的搭扣上安一个巧环！

著名美国益智游戏收藏家及历史学家杰瑞·斯洛克姆（Jerry Slocum）在美国国会图书馆发现了一本 1958 年出版的巧环游戏中文书册。他复印了几页给张卫，由此促成了我们在 1997 年前往中国寻找当年的苏州巧环老艺人。这标志着我们二十年收藏、探索中国传统益智游戏的开始。在那以后八十多次的世界探寻之旅中，有五十多次是来中国。我们像候鸟一样，每年来回两次。除了中国的大小城市和乡镇村庄，欧美的主要古董市场、博物馆、图书馆、档案馆，以及所有 19 世纪中西贸易的重镇都留下了我们的足迹。

大约在 2005 年，我和张卫突然意识到，我们无意中成了世界上唯一聚焦中国传统益智游戏及日常生活中智巧物品的藏家。为了向发明和制作了这些智巧器具的学者和匠人们表示敬意，我们将收藏命名为"艺智堂"，因为每一件藏品都凝结了中国民俗文化的艺术和智慧。艺智堂现有一千七百多件藏品，大部分是清晚期至民国的民俗物件，但也不乏早至宋代的瓷制益智容器。既有用料贵重的皇家精品，也有朴实无华的百姓玩具。所幸大部分民俗杂项价格比较亲民，价值连城的高档瓷和玉制益智游戏比较少见，因而在一个消费得起的范围内，我们在收藏界开辟了一块小小的、未曾耕耘过的天地。

在尘土飞扬的乡村集市淘宝
山西张兰
2017 年

不解之缘

中国传统益智游戏展
美国纽约华人博物馆
2010 年

最初，我们仅专注收藏中国古旧益智游戏，例如七巧板、九连环和鲁班锁等此类为娱乐和智力挑战而制作的游戏。后来我们意识到，还有许多中国日常生活中的实用和装饰物件同样具有智力挑战性，因此我们的收藏又扩展到连环戒指和手镯、机关锁具、秘密匣盒、益智容器以及视觉游戏。同时，我们也收集了与藏品相关的资料，包括书籍、文章、图录及图片数百份。不过在此过程中我们遇到了几个困难。其一，传统益智游戏和日常生活中的智巧器具不为人们重视，因为它们太普通或年代不够久远，中国的文史资料鲜有关于它们的记载。其二，一些智巧器具的起源由于各种传说和猜测纷纭，我们不得不靠自己的力量反复考证、去伪存真。其三，不计其数的中国的历史资料在 19、20 世纪的战乱和动乱中被毁，太多历史信息已难再取证核实。

中国在过去几十年里发生了巨大的变化，千百万人历史上头一次有了闲钱。这直接导致古玩价格连年飙升，市场资源枯竭，即使偶尔见到几件佳品也是"老物件，卖一件少一件"。大家无不感叹收藏中国古玩的辉煌时期已经过去。我们也经历了从懵懂地收集到主题鲜明地收藏、从四处兴奋地寻宝到伏案研究、追根溯源的过程。所有的专题收藏都有一个生命周期，这也意味着已经处在成熟阶段的艺智堂收藏即将开启一个新的阶段。正如桑下客在 1815 年的《七巧图合璧》里说的那样："不敢秘诸枕中，爱付剞劂，吕公同好。"[2] 我们决定将找到的物件、故事、资料分为《趣玩Ⅰ：中国传统益智游戏》

59 本旅行笔记积累了二十年的资料宝藏

和《趣玩Ⅱ：中国传世智巧器具》两册出版。前一册着重于在中国发明或本土化的游戏及广州外销益智游戏的历史；后一册则侧重于一些日常生活智巧器具的历史和原理。

2008年我们在旧金山中华文化中心做了题为"中国传统益智游戏：动手动脑的竞技"（Chinese Puzzles: Games for the Hands and Mind）的益智游戏收藏展览，这是我们的藏品第一次展出。两年之后在纽约的美国华人博物馆，部分收藏再次展出。除了展出精挑细选出来的藏品，我们还提供了互动台，使大家有机会动手动脑、亲自把玩和体验，受到不同年龄段中外人士的喜爱和好评。我们希望有一天艺智堂收藏能够叶落归根，在中国的博物馆里建立一个永久的家，既为年轻人创造一个体验前辈们曾经有过的动手动脑的机会，也为老一辈人提供一个回忆儿时娱乐光景的场所。

不论去哪里，总有那么多人对我和张卫所做的事情感到好奇。因此，我们决定通过穿插各种有趣的收藏经历来写这本书。由于我为此书写了第一稿，因此决定此书以我作为第一人称，从我的角度叙事。我们的合著者，旧金山的艺术家及摄影师刘念自2008年以来一直跟随我们转战南北，不仅一路记录、参与了我们的收藏研究过程，而且书中每一段文字和每一张图片都贯穿了经由她的独特视角所带来的风格。尽管她一再宣称对益智游戏"一窍不通、锲而舍之"，但从巴黎十顾茅庐解救七巧攒盘，到寻访最后一位山西倒流醋壶匠人，刘念总在紧要关头为我们实现十几年努力未果，或是不得已放弃了的目标。我们很高兴她以自己的智慧和才华成为我们小团队的正式成员，共同书写了这两册书。

收藏是一个漫长曲折的旅程。这一旅程不仅让我们无数次地走过中国的城市和乡村，还带我们穿越了中国的历史、传说、艺术和文化。写此书的目的除了介绍益智游戏之外，我们还希望激励读者去发现它们的艺术形式和文化寓意，去探索当年的历史社会环境。若读者想跟进我们的研究和动向，请登录网站 www.ChinesePuzzles.org 或通过 info@c2p2.org 与我们联系交流。

欢迎大家加入我们时光倒流的旅程，分享我们颇感自豪的发现，笑话我们曾经犯过的错误，一起来畅游这个迷人的中国传统益智游戏世界！

于美国加利福尼亚州伯克利市

2020年5月

作者雷彼得（后中）、张卫（左）、刘念（右）

山西高平

2017年

1　王世襄，《捃古缘》，《好古敏求：敏求精舍三十五周年纪念展》，香港：香港市政局，1995年，第10页。

2　[清]桑下客：《七巧图合璧》，峦翠居，1815年。"不敢将自己的七巧创作秘藏起来，因此送去镌刻成书，使有相同爱好的人都能欣赏"，桑下客之言，于我们心有戚戚焉。

中国传世智巧器具概述

在 19 世纪早期，英文词组"机械益智游戏"（mechanical puzzle）被开始用来将那些测试人们解题能力的游戏玩具与谜语、字谜和数学谜题区别开来。1986 年，美国著名益智游戏收藏家和历史学家杰瑞·斯洛克姆将机械益智游戏定义为"需要用逻辑、推理、思辨、运气甚至巧手来摆弄，独自寻找解法的独件或组件"[1]。斯洛克姆还按照它们的解题方式将机械益智游戏分成组合游戏、拆分游戏、实芯互锁游戏、解脱游戏、顺序步骤游戏以及益智容器几大类。

《趣玩Ⅰ：中国传统益智游戏》介绍了诸如七巧板、九连环、鲁班锁、华容道等与传统益智游戏有关的雅玩；《趣玩Ⅱ：中国传世智巧器具》则收纳了中国民间制作的智巧、带机关的实用物品，如难以开启的挂锁和自锁式木箱以及连环戒指、益智容器、视觉游戏等以娱乐或呈现哲学理念为目的的物件。两本书基本遵循斯洛克姆的游戏分类来归类。

连环戒指与手镯（组合游戏）

中国银制的连环戒指从四连环到九连环都有。它们拆散容易，还原却颇为困难。银制的连环戒指现在偶尔还能在中国的古玩市场上见到，但我们所知唯一的金制连环戒指藏于博物馆内。银制连环手镯与连环戒指异曲同工，却十分罕见。

中国在史前就有了戒指，但连环戒指出现得很晚，流行于清代。它们很有可能是通过丝绸之路由中亚流传过来的。明清时期的中国工匠们用有中国特色的吉祥图案装饰连环戒指与手镯，不仅给拆装戒指增添了难度，更让中国的连环戒指与手镯在风格上独树一帜。

1　Jerry Slocum and Jack Botermans, *Puzzles Old and New: How to Make and Solve Them* (Seattle: University of Washington Press, 1986), p. 4.

机关锁具（拆分游戏）

中国的传统挂锁通常由铜、铁制作，根据结构可以分成两类：簧片锁和密码锁。簧片锁通常由锁壳、锁栓及钥匙组成，钥匙插入锁孔后往里推进即可将锁栓上的锁梁从锁壳上脱开。密码锁，顾名思义，需要密码才能打开。晚清时期的锁匠们运用各种机关障碍增加了开锁的难度，这些锁便成了我们今天所知的"机关锁"。

中国簧片机关锁可以分成四大类：锁孔外露锁、锁孔隐蔽锁、锁孔闭塞锁及综合机关锁。锁孔外露锁以"迷宫锁"为代表，需要逆向思维才能将钥匙插入显而易见的锁孔。锁孔隐蔽锁先得找到隐蔽的锁孔才能开锁。锁孔闭塞锁的锁孔并不隐蔽，而是被锁栓上的组件堵塞了，移除后才能继续开锁。综合机关锁含有两个或两个以上的开锁障碍，比如锁孔隐蔽的迷宫锁。

中国传统密码锁由锁栓和一个带转轮的锁壳组成。每一个转轮上都刻有汉字或图纹，只有将所有转轮按照密码对准才能把带锁梁的锁栓拉出，将锁打开。没有密码就只能靠手感开锁，或将所有可能的密码组合都试一遍。

弹子锁问世之前，中国人用的都是传统挂锁，而且在用途、材料、式样上极具地域风格。史料鲜有中国挂锁的记载，但幸运的是，很多中国锁匠习惯在锁壳上刻或锤印名字或商号。湖北岳口的工匠们甚至将产地"岳口"两字也一并刻上。我们按此线索去岳口调研，幸运地在最后几个锁匠离世之前了解到锁业的兴衰史及当年锁匠们的生活。

岳口的簧片锁和密码锁品质均极佳。湖南桃源的锁不论是结构还是外形在中国都是独一无二的。山西锁，尤其是铁锁，极具当地特色。遗憾的是，还有许多锁我们无法辨认所属地域。

带簧片的金属锁在中国可以追溯到汉代，但机关锁的出现则晚得多。早期的中国锁与同时期美索不达米亚、古埃及和罗马的金属锁有许多相似之处，因此很难判断中国锁的真正起源。锁在丝绸之路这样的古商道上东来西往，可能是漫长发展历程中不同文明交错的产物，但中国机关锁具上的地域性机关结构则为中国所独有。

中国传世智巧器具概述

机关匣盒及家具（拆分游戏）

19世纪至20世纪中期的中国工匠们创作了各式各样的木制机关匣盒。这些盒子从未被人重视，也没有文史记载。机关匣盒与鞋盒大小差不多，通常有个滑动盖板，有的还有抽屉，仅用内部机关就能轻易将机关匣盒"锁"住。有的机关匣盒又叫梳匣子，用来放置梳镜、脂粉，过去是姑娘陪嫁的一部分。有的则用来存放贵重物品和重要文件，但防君子不防小人，因此多用来避免闲人随意翻动盒内物品。

中国机关匣盒种类繁多。打开盒子有的需将密藏的板块、翻板或插钮按照顺序翻开、移动或取出；有的需将盒子侧倾，使里面的障碍木块因重力倾斜移开；有的则内置簧片，需用小棍或特殊的钥匙通过孔洞将簧片压紧；有些盒子甚至兼具以上几个机关。

我们多年来收藏的五十多件中国机关匣盒大部分来自山西晋城、高平及周边的农村。这些盒子通常带漆、有些带雕刻。有的盒子上甚至记载了主人的名字、村庄、置办年代。历史就这样无意之中被记载到了实物上而非书本中。本书有关中国机关匣盒的描述和图像是这一民俗物件第一次被著录，此前从未有相关资料发表。

已知早期的一个中国机关匣盒是底部隐藏了一个拉盖盒的18世纪紫檀多宝格方匣。它是乾隆皇帝拥有的众多著名的多宝匣盒中的一个。除了机关匣盒，中国的能工巧匠们有时也在书桌箱柜中巧妙地隐藏了密室。

倒流壶（益智容器）

中国有一些很独特的益智容器。陶瓷制倒流壶在中国作为酒具已有千年以上的历史。倒流壶的奇特之处是它们上方没有壶盖或液体的注入口，壶嘴又太小，那要怎样才能将水注入呢？顾名思义，倒流壶先得底朝天般倒过来，液体通过壶底中间漏斗状的小洞被灌进壶身里，但壶体放正后，里面的液体为什么不洒出来呢？

已知最早的倒流壶出自三千年前的塞浦路斯，已知中国最早的倒流壶是郑州出土的唐代白釉壶。中国早期的倒流壶都有一个不能活动的假壶盖，到了明晚期，桃形的倒流壶成为主流。清早期景德镇开始出口迎合西方人口味的各式桃形倒流壶，英国的陶匠们纷纷效仿。

清晚期，磁州窑的匠人们制作了八仙人物状的倒流砚滴。在山西，倒流醋壶一直流行到"文革"时期。在考察倒流醋壶时，我们在山西阳城发现了直到20世纪50年代还在使用的倒流醋壶窑址，并采访了退休的老窑工。几年后我们还偶遇了最后一位在世的倒流醋壶陶匠。

尽管中国倒流壶的起源还不明了，但它们的用途、形状及纹饰乃为中国所特有。

公道杯（益智容器）

另一种中国益智容器是公道杯，亦名平心杯，能让人学到中国"满招损，谦受益"的古训。公道杯一般是瓷制的，除了杯中有个模塑人物，看上去与其他普通的杯子没有什么不同。杯中人物的脚边及外杯底各有一小孔，当注入适量的液体时，人们可以照常端起杯子饮用；但如果"不知满足地"将液体灌至杯沿，液体便会神奇地从杯底的小孔全部泄出。我们的一只明代公道杯上有一圈关于自敛自律的珍贵题词，说的就是这种现象。

已知最早的公道杯是4世纪罗马帝国时期制作的带有坦塔罗斯雕像的公道杯，已知最早的中国公道杯制作于辽代。

中国传世智巧器具概述　　15

浮水杯（益智容器）

浮水杯内也有个模塑人物，因此常常被人混淆成公道杯。浮水杯里的人物并不似公道杯那样固定在杯底，而是躲在杯中半球形的罩子里，仅从罩顶的圆孔探出头来。往杯中倒酒时，小人儿徐徐上升，杯满时完全直立在罩顶上。与公道杯教人自敛不同，浮水杯是劝人一醉方休的助兴酒具，因此有时也被称为"酒令杯"。

已知最早的中国浮水杯制作于宋元时期的江西及河南。浮水杯一直到晚清仍很受欢迎。原理相同的银制酒具在17到18世纪富有的欧洲家庭中也曾出现过，但我们尚未发现它们与中国浮水杯有直接联系。不过陶瓷制的浮水杯也许是中国人的发明。

趣壶（益智容器）

趣壶是专门供人饮酒作乐的陶瓷制益智容器。无论有盖无盖，壶颈上肯定布满了雕透的洞眼，壶沿上必有一个短小的壶流，一个长长的壶柄将壶沿和壶腹相连。壶颈上的洞眼会以喝酒人的衣襟被打湿的方式让人知道，不动脑筋是无法喝到酒的。

趣壶起源于14至17世纪的欧洲，壶身上常题有饮酒作乐的打油诗。最精美的趣壶毫无疑问是康熙年间江西景德镇制作的，有些外观还与欧洲的趣壶相似，另一些则完全是中国风。不论款式如何，当时景德镇制作的所有趣壶都是外销到欧洲的，从不在国内销售。

我们通过追溯两对康熙趣壶多年的辗转，讲述了它们如何从19世纪著名的英国收藏家手中转手到知名的伦敦古玩商及其在纽约的代理那里，再通过洛克菲勒家族三代传世后到了两个纽约拍卖行，最终被纳入我们的艺智堂收藏的历程。

视觉游戏

中国的视觉游戏不在斯洛克姆对机械益智游戏的分类中，因为它们是共享某个身体部位的一组人物或动物的二维、三维造型，且仅出现在中国传统图案中，不能用手把玩。

最具代表性的中国视觉游戏莫过于"四喜娃"。四个连体童子共享两个头、两双手臂和腿脚。但连体童子图也不仅限于四个娃娃。这种造型常以银饰、织物、铜制镇纸、玉制瓷制挂件和摆件等形式出现在人们的日常生活中。它们在河北武强的传统年画中的出现尤其为中国民众所熟悉。

四喜娃的传统寓意是多子多孙，这个图案在明清时期极为流行。与四喜娃类似的图案也出现在西藏古格故城寺的壁画里。我们拥有一件13世纪藏经页护经板，上面亦有类似浮雕。四喜图案是如何传入西藏的我们无从知晓，它很可能来自克什米尔，甚至是中原地区。

另外一个连体图案是三只兔子共享了三只耳朵、在一个圆圈中追逐，它们出现在敦煌莫高窟隋唐时期的佛教石窟顶的藻井中心。有趣的是，与三兔共耳类似的图案晚些时候还曾在伊斯兰教、犹太教及基督教的环境中出现。遗憾的是，这些图案的原始宗教意义没有流传下来，留给后人的仅仅是猜测。

除了三兔共耳，在河南登封一个东汉时期的太室阙上还有个三鱼共头的雕刻。类似图案还出现在陕西韩城出土的元代褐釉贯耳壶上，以及河北武强同治年间的年画雕板上。已知最早的三鱼图形出现在公元前二千年古埃及的一只碗上。

中国传世智巧器具概况表

物件种类	游戏分类	中国已知最早出现时期	流传区域	其他早期例子
连环戒指与手镯	组合游戏	清	中国	中东、欧洲
机关锁具	拆分游戏	清	中国	中东、欧洲、印度
机关匣盒及家具	拆分游戏	清	中国	日本
倒流壶	益智容器	唐	中国、外销	塞浦路斯、伊朗、希腊
公道杯	益智容器	辽	中国、外销	意大利
浮水杯	益智容器	宋	中国、外销	荷兰、德国、丹麦
趣壶	益智容器	清康熙	仅外销	欧洲
四喜图案	视觉游戏	明	中国、外销	喜马拉雅地区
三鱼图案	视觉游戏	东汉	中国	埃及、欧洲
三兔图案	视觉游戏	隋	中国	欧亚大陆

连环戒指与手镯

Puzzle Rings and Bracelets

新打戒指九连环，
一个连环交九年。
九九还归八十一，
还爱相交十九年。[1]

——客家民歌

连环戒指

2000年4月一个温暖的傍晚,我和张卫在江西南昌离宾馆不远的八一广场散步。广场上人山人海,有的唱有的跳,热闹得很。我们路过一群人时,听到一对男女正在用当地的方言对唱。

突然张卫扯着我的胳膊说:"听,他们在唱'九连环'!"我们马上停下脚步,竖起耳朵继续听。歌里唱的九连环会是什么样子的呢?一曲终了后,我们过去和他们聊了起来。原来他们唱的是传统的南昌小调《十送情郎》,小曲里唱的九连环是个戒指,那么一定是益智游戏里的连环戒指了。《十送情郎》的歌词是:

> 一送情郎出绣房,打把雨伞送情郎,天晴要买草帽戴,下雨要把伞打开。哥耶,妹耶。

> 二送情郎祖堂边,牵到小妹拜祖先,一拜二拜连三拜,保佑小妹早完婚。哥耶,妹耶。

> …………

> 七送情郎金子街,我叫情郎哥打耳环,耳环要打一钱八,戒指要打九连环。哥耶,妹耶。[2]

我们第一次接触和了解中国的连环戒指是1998年10月,在香港著名的古玩街荷李活道上格伦·维萨(Glenn Vessa,1932–2013)的霍尼彻奇古玩店(Honeychurch Antiques),之前我们只是听说过中国也有连环戒指。在维萨的店里我们一下子就找到了几十枚各种各样、无一雷同的银制连环戒指。我们很好奇为什么他的店里会有这么多老连环戒指,维萨告诉我们他所知道的有关中国连环戒指的信息都是从一位杨姓的回民古玩商朋友那里得来的:

银制烧蓝九连环戒指及散开的状态
清
中国北方
直径 2.1 厘米

白铜四连环戒指及散开的状态
清
中国北方
直径 2.6 厘米

　　杨先生在（抗日）战争之前是一个很有声望的北京古董商。他大概在 1947 年来到香港。1972 年尼克松访华之后，中国对美国人开放。我有幸与杨先生同行去中国内地。那时候，许多国家文物商店的工作人员不是认识杨先生就是曾经为他或他的一个亲戚工作过，因此给我们购买古董带来了极大方便。[3] 杨先生自己就对连环戒指饶有兴趣，因为他能轻而易举地将它们拼起来。

　　杨先生认为这些连环戒指过去是清朝军队里士兵们用的，每个旗营有自己的戒面图形。除了作为军队编制的非正式标志外，它们也在饮酒时用来娱乐。他还记得，第一次世界大战后，那时他还是孩子，在北京街头经常看到许多旧时的旗人士兵摆弄这些连环戒指。杨先生还说，那时把煤用骆驼拉进北京的驼把式们也常佩戴连环戒指。连环戒指通常比其他的中国银戒指大得多，显然它们大多是男人佩戴的。[4]

　　我见过的三种连环戒指分别有九环、六环和四环。四环的戒指最常见，接下来是九环戒指，六环的戒指很少见。[5] 很显然连环戒指不是批量生产的，因为它们中间没有两个是一模一样的。

那次在维萨的店里买下的一枚银制九连环戒指和四十二枚银制四连环戒指成为我们艺智堂收藏的第一批连环戒指。以后每次去香港都要去他那里看看，而且每次都有些小收获。

在连环戒指里，四连环比九连环常见得多，但弄散后将它们复原，四连环却比九连环困难。九连环戒指打开后是九个环连成的一条有头有尾的链子。四连环戒指打开后则不是一条，而是既松开又相连的一个圈，其中每一个环同时都与另外两三个环相扣，扯不开、理还乱；戒指上碍手的装饰物让复原戒指变得难上加难。连环戒指易拆不易复原，属于组合游戏。

连环戒指里深藏的寓意

我们的收藏刚起步时，就有幸认识了谢瑞华。她当时是旧金山亚洲艺术博物馆的中国装饰美术部主任。谢瑞华对中国的民俗艺术中的寓意有很深入的研究，并于2006年在旧金山亚洲艺术博物馆策划了有关中国吉祥图案的展览，同时出版了名为《中国吉祥图案》（Hidden Meanings in Chinese Art）的专著。[6] 一开始我们只是分析收藏的连环戒指的拓扑结构，并没有对它们的图案做研究，是谢瑞华教我们认真解读这些图案，并解码这些明清图案上深藏的寓意。我们后来发现弄清楚每个连环戒指上图案的寓意是一个民俗文化的测试，是在拼装这些连环戒指之上的又一个挑战。

蝙蝠：中文的"蝠"与"福"同音，因此代表福气的蝙蝠经常出现在中国的民俗文化作品中。

寿："寿"字有许多种异体字，还衍生了各种纹饰。它们常常在连环戒指上出现。当蝙蝠出现在"寿"字的两侧时，它们的寓意是"福寿双全"。

福禄寿：中国道教神仙中的福、禄、寿三星通常同时出现，是中国人最熟悉的吉神。福星怀抱婴儿，保佑婚姻幸福、儿孙满堂、身体健康；禄星头戴官帽，手执如意，给人们带来功名利禄和财运；寿老则广额白须，手捧仙桃，象征延年益寿。福禄寿三星是主管中国家庭的天官，因此，对他们的供奉是对美好生活的向往。[7]

蝴蝶：由于"蝶"和代表七八十岁高龄的"耋"同音，蝴蝶通常代表长寿。

喜鹊：中国民间认为喜鹊是报喜的吉鸟，会带来好运和福气。由于"梅"与"眉"同音，吉祥图案中常见的梅花枝梢上的喜鹊往往寓意着"喜上眉梢"。

瓞："瓞"来源于《诗经》中《绵》的首句"绵绵瓜瓞"，意思是一根连绵不断的瓜藤上结了许多小瓜。"瓞"与"蝶"同音，同时出现时寓意多子多孙、传世久远。

蛙：与"娃"音近，寓意多子多孙。

莲花：寓意连生贵子。

牡丹：在中国民间，牡丹花又称为富贵花，在传统图案中是官运亨通、高人一等的象征。蝙蝠与牡丹寓意为富贵吉祥。

梅花：梅花傲寒绽放，独开天下之春，代表高洁、坚韧不拔、自强不息的品格。梅花上的五朵花瓣代表五福：长寿、富贵、康宁、好德以及善终。

虽说这些图案表达的是中国传统文化中的寓意，但有一天我们突然意识到这些戒指都是男人戴的。我们打趣说，看看这些戒指就知道男人们都在祈求些什么了。

【右页图】
各式带有吉祥寓意的银制四连环戒指
清
中国北方

福寿双全

蝙蝠

福禄寿

福寿双全

蝙蝠

喜上眉梢

福寿双全

蝙蝠

瓜瓞绵绵

蝴蝶与寿团

富贵吉祥

连生贵子

蛙与梅花

梅花

牡丹与蝴蝶

梅花

铜钱

梅花

各式带有吉祥寓意的银制四连环戒指
清
中国北方

铜钱

梅花

还有一些戒指戒面的寓意需要读者们帮助我们找出答案。下图左列的三只戒指是白铜制、右列的三只戒指则是银制。白铜与银外表十分相似、仅凭目测是无法分辨的。

各式银制、白铜四连环、九连环戒指
清
中国北方

连环手镯

我们第一次看到连环手镯是 2003 年，在香港太子大厦的一个古董店里。手镯不在柜台里，而是戴在女店员的手腕上。这只银手镯是五连环的，上面有三只蝙蝠，估计原来应有五只蝙蝠，遗失了两只。问起由来，女店员说是十五年前从北京文物商店买的，但这是她自己的首饰，不卖。

三年后在北京，一个清晨，我们被古玩商朋友滕舒翔的电话惊醒。他是从山东德州打来的，为了抢先淘到德州周末古玩集市的好货，他头一天就去了德州。电话里传来了他兴奋的声音："我手里拿着一对出土的银制连环手镯，包老！你们有兴趣吗？"价格还可以接受，但当时市场上银制赝品实在太多，我们不免有些犹豫。张卫告诉滕舒翔如果确定东西是老的，我们一定会有兴趣，但眼见为实，亲眼见到东西之前我们不能保证会买。

十分钟后，电话又响了起来。这次是另一个北京古玩商打来的："我在山东，看到一对银的连环手镯，是出土的，上面全是黑黑的斑迹。你们有兴趣吗？"张卫同样告诉这个古玩商我们见到东西以前不能保证会买这对手镯，但是如果他认为东西是老的就应该买下来，然后我们会去他的店里看。

第二天我们打电话过去，结果他俩谁也没买。第二个找我们的那个古玩商说他当时犹豫了一会儿，但等他回去再看时手镯早已经被人捷足先登了，

银制七连环手镯一对
清
中国北方
直径 6.9 厘米

仙人对弈

金玉满堂

瓜瓞绵绵

但他猜得到是谁买了。一番曲折之后我们终于亲眼见到了这对黑迹斑斑的手镯。由于氧化和锈蚀，手镯上的连环根本无法打开，但是手镯确实是老的。不怕买贵，就怕买错！几经讨价还价，我们还是忍痛花了八倍于原来的价格将这对连环手镯买下。

通过专业的微酸和超声波的清洗，这对连环手镯的一流材质和做工才显现出庐山真面目。每个手镯由七个环环相扣的银环组成链状，当所有的环按顺序叠合在一起，它们就可以紧紧地嵌进镯扣的槽内。镯扣的表面是压型后锤錾成的仙人对弈图，棋艺是文人"琴棋书画"四艺之一。每只手镯上还焊有象征着"金玉满堂"的一对金鱼饰片。可惜的是，每只手镯上的另外一对象征着"子孙万代"的"瓜瓞绵绵"饰片由于脱落，如今只剩一片了。

九年以后的2012年，滕舒翔终于帮我们找到了一对四连环的手镯。两个镯扣上的图案分别是"三娘教子"和"喜鹊登梅"。饰片完整无缺，每只手镯上都有一对代表"福在眼前"的蝙蝠和铜钱及一对盘长。

三娘教子

喜鹊登梅

福在眼前

银制四连环手镯一对
清
中国北方
直径 6.4 厘米

连环戒指与手镯　29

三娘教子

　　中国民俗文化中经常用同音字表达吉祥寓意，汉语里很多字不是同音就是太相像，所以经常把我这个老外弄得晕头转向。有天傍晚张卫在清理戒指，我随口问她这些戒指又是什么寓意。她说这几个倒不是谐音取义，而是来自一个"三娘教子"的典故。结果我听成了"三羊饺子"，特别高兴，还以为她晚上要包羊肉水饺给我吃呢！

　　《三娘教子》改编于明末清初戏曲家、小说家李渔的《无声戏》中的第八回，讲的是明代外出做生意的薛广托朋友带钱回家，但朋友不仅私吞了钱财还谎称薛广已死。薛广之妻妾改嫁，只剩三娘王春娥靠织布抚养非亲生的倚哥长大。倚哥被人讥笑，回来顶撞三娘，三娘怒不可遏将织机毁坏。后来在忠心耿耿的老仆人的帮助下，母子和好如初。倚哥后来发愤读书，金榜题名后衣锦还乡，薛广做官后也回到了家，一家人最终团圆。

　　在我们找到的首饰中有"三娘教子"题材的还真不少，但不管大小、设计装饰如何变化，"三娘教子"的场景都是一样的：倚哥跪着向右边的三娘谢罪，左边是拄着拐杖解释劝导的老仆人。

"三娘教子"银制
四连环戒指
清
中国北方

拼装九连环戒指

如前所述,九连环戒指由九个连成链状的环组成。将九连环戒指拆散很容易,将环从卡槽滑出散开即可,但将它还原则需要一个一个按顺序地把九个环叠合起来。

1. 第一个环和弧形的戒面是固定在一起的。
2. 转动第二个环,直到其扭曲的部位与第一个环扭曲的部位相叠合。
3. 环环之间必在扭曲部位交错才能将下一个环叠入前一个环。
4. 最后将第九环轻轻推进戒面背部的卡槽里。

拼装九连环戒指步骤

拼装四连环戒指

四连环戒指由两对形状相似的环组成。戒指拼装好后，其中一对呈"X"状（如图中红色标记所示），另外一对从 X 环的下方穿出，呈"O"状（如图中黄色标记所示）。

X 环（红）　　　　　　　　　O 环（黄）

当四连环戒指完全散开成圈状时，两个 X 环彼此相对，两个 O 环也彼此相对。但 O 环从来不会相连，而 X 环在有些四连环戒指里是彼此相连的。

O 环（黄）从不彼此连接，
X 环（红）有时相连有时不相连

拼装四连环戒指要比拼装九连环戒指稍难一些，步骤如下。无论两只 X 环是否彼此连接，拼装的步骤都是一样的。网上还有更多的四连环戒指拼装图可以参考。焊有装饰物的连环戒指拼装起来要更加困难一些。在拼装过程中保持相对松散，直到完成后再将这四个环紧紧合并在一起。方法对时就会水到渠成，所以切记不要强行用力，否则会损坏戒指。

拼装四连环戒指步骤

1. 找出两只本身骨架完全对称的一对环。这对环就是 O 环。

2. 检验是不是 O 环，可以看两个环尖的那头能不能拼成一个十分明显的大菱形。

3. 拿起另外两只环（X 环），放下 O 环。将 X 环拼成一个"8"字状。这也是整个拼装过程中最难的部分，只能通过不停尝试，甚至得靠些运气才能拼成。

4. 捏住"8"字状的 X 环，翻动 O 环，直到 O 环既光滑又圆的部分（戴在手指内侧的部分）朝外。

5. 将其中的一个 O 环朝下叠入 X 环。

6. 将另一个 O 环朝下叠入 X 环。拼装完成。

❸

❹

❺

❶

❻

❷

连环戒指与手镯　33

中国连环戒指简史

我们最近发现离我们伯克利的家不远有个当铺，里面有台用来测量金属成分的 X 射线荧光分析仪。星期日下午生意比较清淡时，当铺的职员不介意帮我们测测连环戒指的成色。一天我们一口气带去了四十六个连环戒指去做分析，结果令人大跌眼镜。这些戒指的含银量从 97% 到 35% 不等，其余的成分有铜和锌，三个戒指甚至不是银的，而是由铜、锌及镍合金组成的白铜。二十年来我们居然一直被蒙在鼓里，从未怀疑过有的戒指不是银的，因为白铜与银在外表上实在是太相似了。

那么为什么这些戒指的含银量有天壤之别？会不会与连环戒指的历史有关系呢？我们向清代金属货币收藏家及历史学家布威纳（Werner Burger）博士请教。布威纳来自德国，旅居香港五十年。布威纳过去曾经收藏了几千个中国戒指，而且大部分是连环戒指。针对我们提出的问题，他是这样回答的：[8]

> 连环戒指起源于波斯及周边的国家和地区，元代通过新疆的商路流传到中国北方。在今天的德黑兰和伊斯坦布尔的巴扎里依旧可以找到。波斯的连环戒指造型很简单，中国人将其打造成了艺术品。对中国金属货币的研究让我见到许多有年代印记的物品，因此我可以肯定地说，大多数中国连环戒指制作于18世纪。我见到最老的连环戒指是明代的，可能是万历时期的。
>
> 我认为大部分的连环戒指是为文人制作的。清代旗人士兵也佩戴手镯和连环戒指类的银制首饰。银制首饰往往在没有现钱时可以应急，用来抵贷货币，往往与找女人、喝酒等寻欢作乐的事情有关。蒙古的流动首饰匠人会将银料锤打成花样纹饰，焊在戒指上成为装饰。但是没有人真的知道哪个旗营使用哪个装饰纹："银匠们只是照客人吩咐的去做，不会多嘴告诉客人应该要戴什么样儿的。"
>
> 我曾与两个分别来自上海和广州的年纪很大的珠宝商长谈，他们都说直到乾隆时期，连环戒指和所有的戒指一样，都是纹银制的，既可以佩戴，亦可变现。但是乾隆以后，铜钱愈贱，白银愈贵，[9]促使人们只把银子当作货币使用。于是银匠们开始逐渐降低银饰中的银含量，掺入铜制成合金，而这恰恰能帮我们判断连环戒指的年代。最终，人们佩戴连环戒指不再是为了变现，而是纯粹把它当成首饰，欣赏其精美的做工和巧妙的智慧。
>
> 连环戒指大概在1937或1938年从市场上消失，那是因为在日军的

统治下，拥有银子是犯法的。但是许多银戒指并没有因此给毁掉化成银料。20世纪50年代，银首饰和其他的古玩被政府充公，集中置放在广州、上海和天津的大库房里。20世纪70年代后期，政府开始对外销售这些物品。如果有古玩商当时遇到了这样千载难逢的机会，便能极便宜地买到大量好货。20世纪80年代，政府把货物成批卖给了香港商人。古董市场一夜之间充斥着多得数不清的琉璃瓦，过一阵又是乾隆年间的大婚瓶，等等。格伦·维萨和另外两个古玩商则把大部分的银制首饰买了下来。

2000年，随着改革开放的深入发展，中国解禁了长达五十年的白银交易，同时取消了银制品生产的相关限制。但是，传统手工艺青黄不接，老艺人都已谢世，新时代的工匠已经无法从前辈那里得到指点，大都只能依葫芦画瓢，根据所剩无几的实物和资料复制古董首饰。故而当今中国生产的连环戒指从品质到做工都今非昔比了。

大英博物馆藏有一枚金质的中国九连环戒指，戒面上是一头雄狮。戒指原属罗伯特·亨利·索登·史密斯（Robert Henry Soden Smith，1822–1890）收藏，史密斯曾是伦敦南肯辛顿博物馆（South Kensington Museum）的艺术图书馆的发起人、策划人，南肯辛顿博物馆则是维多利亚和阿尔伯特博物馆（Victoria and Albert Museum）的前身。位于西安的陕西历史博物馆也藏有一枚金九连环戒指，这枚戒指只有九个连环、没有戒面。另外，中央美术学院的杭海教授著有一本有关明清至民国银饰的书，书中提供了许多银制连环戒指的照片。[10]

**典型的中国银制
九连环戒指**
清
中国北方
直径 2.7 厘米

现今，在网上可以买到各种无中国元素的连环戒指，有金有银，但都是现代制品。日本魔金游戏生产商华山（Hanayama）制作和销售一种硕大的四连环戒指游戏，老少咸宜，非常适合学习和练习，是像我这样双手粗大笨拙的人的福音。

银制四连环、九连环戒指的组合和散开状态
清
中国北方

注 释

1. 黄火兴（整理）：《客家情歌精选 1900 首》，广州：花城出版社，1982 年，第 3、82 页。
2. 《十送情郎》的歌词由笔者在 2000 年 4 月抄录于江西南昌。
3. 2006 年 1 月笔者采访了居住在美国马萨诸塞州阿默斯特（Amherst）的黛迪·辛嘉普瑞（Dade Singapuri）。她有类似的早期去中国买古玩的经历。20 世纪 70 年代初，中美恢复贸易往来之后，她和她先生是最早一批从中国进口古玩到美国的商人。有一次在北京的文物公司，她与另外一个古董商被领到一个小房间内，桌上放满了一包又一包的古玩杂项小件。每当一个大包被打开后，古董商们不能精挑细选，只是被允许看一眼表层的东西，就得马上决定要不要买。不过，那时包括连环戒指在内的银首饰是论斤销售的。
4. 2006 年 7 月，笔者测量了 200 个古旧银制中国戒指，157 枚是连环戒指，43 枚是普通女士戒指。测量的结果是，按照美国标准，连环戒指平均为 8.30 号，普通女士戒指平均为 6.16 号。连环戒指要比普通女士戒指大得多，因此可以推测它们基本是男士佩戴的。
5. 我们没有见到过六环的中国连环戒指，但 2006 年我们买到了一枚与九连环戒指结构相同的七连环戒指。
6. Terese Tse Bartholomew, *Hidden Meanings in Chinese Art* (San Francisco: Asian Art Museum, 2006).
7. Ibid., pp. 20、102、164.
8. Werner Burger, *Ch'ing Cash* (Hong Kong: University Museum and Art Gallery, The University of Hong Kong, 2016).
9. 乾隆之后，中国的铜钱因大量国内外的不足重量的伪造铜钱充斥市场而贬值。乾隆以后的几位皇帝对此皆无所作为，更造成白银价格上涨。参见 Werner Burger, *Ch'ing Cash*, pp. 111–112, 249–250。
10. 杭海：《妆匣遗珍：明清至民国时期女性传统银饰》，北京：生活·读书·新知三联书店，2005 年，第 322–329、337、354 页。

机关锁具

Puzzle Locks

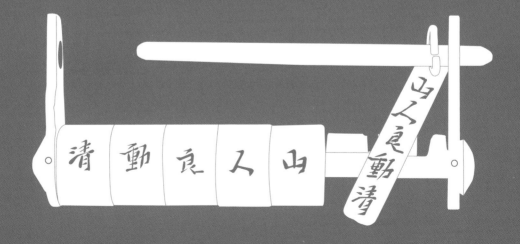

关于中国锁匠们的发明创造,
这段历史很不明确,
一切都有待人们去发掘整理。[1]

——李约瑟（Joseph Needham），1965 年

中国传统锁具

中国的锁具，与世界各地的锁具一样，其发展来自人们对家庭财产保护的需要。锁也被用在镣铐上防止犯人逃跑，或是用在古代贵族墓葬的墓门上，用于保护墓主和随葬品。锁具可分固定型和移动型两大类：固定的锁具传统上是木制的、安装在门上；而金属制作的移动锁具可以用在任何有锁闩的地方。大部分中国传统金属锁是移动锁，有着长长的锁梁，穿过一对锁环将箱柜或门闩锁起来。

中国传统锁大致分为簧片锁和密码锁两类。簧片锁的锁栓上有一根或多根有弹性的簧片，挤插进锁壳后，簧片张开，把锁栓卡在了锁壳内。只有用钥匙等物将锁簧收紧，才能把锁栓推抽出来。密码锁则没有簧片，只有使所有锁转轮按照密码完全对应、才能开启。

我们收藏的第一把中国传统锁是张卫的妹妹 1997 年送给她的。那是一把实用的、带两把钥匙的双钥匙孔传统铜锁。打开这把锁需要分两个阶段进行。首先将一把钥匙插入上方锁孔，向里推进、夹紧锁内的一对簧片，将锁栓推出 1 厘米左右。接下来取出钥匙，再将另一把钥匙插入下方的锁孔，里面的另一对稍短的簧片就会被夹紧推出。锁栓旋即被完全推出，锁便打开了。锁栓一侧锤印了锁匠款名"黄五胜"。[2]

既然需要两把钥匙共同使用才能打开。那么应该先用哪一把钥匙、先插进哪个钥匙孔呢？钥匙头朝上还是朝下？开锁听起来是不是像在解益智游戏呢？从那以后，我们迷上了收集智巧的机关锁。

中国传统簧片锁

中国传统密码锁

随着社会的发展，现在很少有人会用这些曾经普及的传统锁。我们就曾在原上海东台路古玩市场遇到一个店主，他夸下海口说只要我们能打开他的机关铜锁，整个店都可以拱手相送。岂料他运气不好，张卫从小钻研机关，比别人快许多倍，三下五除二，铜锁"啪"地应声打开。店主只得尴尬收回承诺，直言现在会开老锁的人还真不多了。

收藏之初，中国的古机关锁价格低廉、种类繁多、各种尺寸和形状应有尽有。有密码锁，也有簧片锁；材质有铁、铜、白铜、还有银的。许多锁上锤印或錾刻有工匠的款名；有些锁壳上还錾刻了吉祥的文字和纹饰。那时我们的机关锁收藏飞速增长，把玩和探索新发现的不同类型的机关锁成了我们茶余饭后的消遣。

黄五胜造铜制双钥匙锁
19 世纪末至 20 世纪初
长 10 厘米

机关锁具

簧片锁

一把典型的簧片锁包括三个部件：（一）锁壳；（二）由锁梁、锁梗及簧片组成的锁栓；（三）钥匙。锁壳的外观呈"凹"字形，锁栓上方的锁梁、下方的锁梗由侧件连接，锁梗的另一头有被铆钉固定住的带弹性的簧片。钥匙头的形状则与锁孔的形状、簧片的构造相匹配。

开锁时，将钥匙插入锁孔，向里推进，钥匙会将锁梗上的簧片夹紧，使其顺利通过锁壳门。这时整个锁栓被推出锁壳，锁便被成功打开。上锁时，将锁栓推回锁壳。锁梗上的簧片被挤向锁壳门，簧片端部通过锁壳门后马上自然张开，使锁栓卡在锁壳内。

这种简单簧片锁只有一对簧片，锁孔外露，没有机关，开锁只需一把钥匙插入推出锁栓。然而不是任何锁孔外露的锁都那么容易打开。

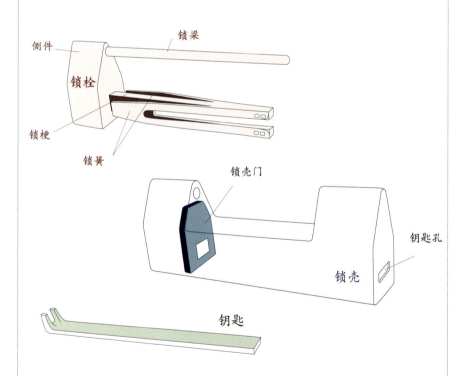

典型的簧片锁：锁栓、锁壳、钥匙

开启簧片锁步骤

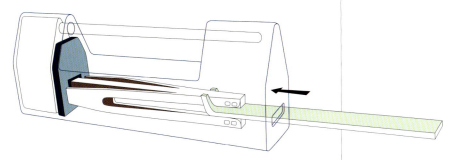

1. 锁簧外张卡住锁壳门

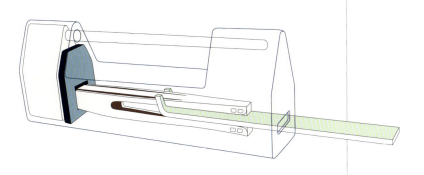

2. 钥匙夹紧锁簧使其通过锁壳门

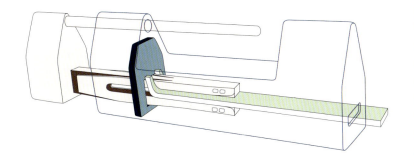

3. 簧片锁因锁栓被推出而被打开

机关锁具

迷宫锁

有一种锁的锁孔外露,却很难找到将钥匙插进锁孔的方法。只有逆向思维,将钥匙摆到一个别扭的位置才能像走迷宫一般把钥匙插进去。顾名思义,这种锁便是"迷宫锁"。

迷宫锁的钥匙孔、钥匙头及簧片的构造可谓是五花八门,但挑战无外乎是要找到将钥匙插入锁孔的途径。

右页这把周全兴制作的迷宫锁,锁孔在锁壳下方两个相接成直角的平面上,钥匙头有个方孔,两角有凸出的小头。把钥匙放进锁孔必须经过三个平面的旋转,插入后向里推进,夹紧锁内的簧片,锁栓即被推出,步骤如图所示。

各式各样的迷宫锁.

周全兴造铜制迷宫锁
19 世纪末至 20 世纪初
湖北岳口
长 10 厘米

隐秘锁孔锁

有了钥匙却找不到锁孔,这是不是同样令人抓狂呢?打开这样的隐秘锁孔锁,必须先找到锁孔。工匠们常常用一块可旋转侧板将锁壳上带锁孔的一面完全遮挡住。以这把五成款的锁为例,首先得用钥匙的尖头推进锁梁一侧下方的三角板块,隐秘锁孔的侧挡板因此被推出,旋转此挡板即暴露出钥匙孔。接下来就可以插入钥匙头,将钥匙旋转到位,推出锁栓开锁。

五成造白铜刻花隐秘锁孔锁
19 世纪末至 20 世纪初
浙江
长 9 厘米

❶

❷

机关锁具

带旋转侧板的隐秘锁孔锁十分常见,但形式各异。那块可旋转的侧板一般都被一个装饰性圆钮钉在锁壳的一侧。锁壳相对应的另一侧有个相同的圆钮,但可以活动。打开这类锁的前几个步骤都是一样的:按下活动圆钮,也就压下了锁梗上的一根长簧片;长簧片被挤入锁壳门的同时向前推动锁梁,锁栓就会被挪出一小截,接下来就可以转动活动侧板。

❶

❷

❸

❹

以这把李怡兴制作的铜锁为例：做完前几个步骤之后，将锁的底板侧拉，暴露出隐秘的锁孔；然后将钥匙垂直插入锁孔，推向一边时，锁内的短簧片也随之被夹紧，锁栓这时便可推出。由于锁梗上的两组簧片长短不一，锁栓被推出也要分两次进行，故开锁需要两个阶段。

**李怡兴造铜制
隐秘锁孔锁**
19 世纪末至 20 世纪初
长 9.8 厘米

机关锁具

锁孔堵塞锁

某些锁在锁住状态时,锁孔会被内部构件堵塞,不疏通就无法插入钥匙。接下来我们要介绍一把来自山西太原一带的锁,长18厘米,没有锁匠名号。这么又大又重的铁锁显然不是用在箱柜上,而极可能是用来锁库房或院门的。锁栓一端是五个厚铁片压成的卷花,另一端则是被一块厚铁片堵住的锁孔。怎样才能把锁孔里的铁片挪开,把钥匙插进去呢?

秘密就在和钥匙拴在一起的那把折刀上。刀与开锁无关,但它的尖锐的刀鞘却是开锁的关键。只要用鞘尖通过锁壳上的小孔摁下锁内的长簧片,就可以推进锁栓上的厚铁片,把钥匙插进去。开启这把锁需要两个阶段。

铁制锁孔堵塞锁
19世纪末至20世纪初
山西
长18厘米

1. 锁孔被厚铁片堵住

❶

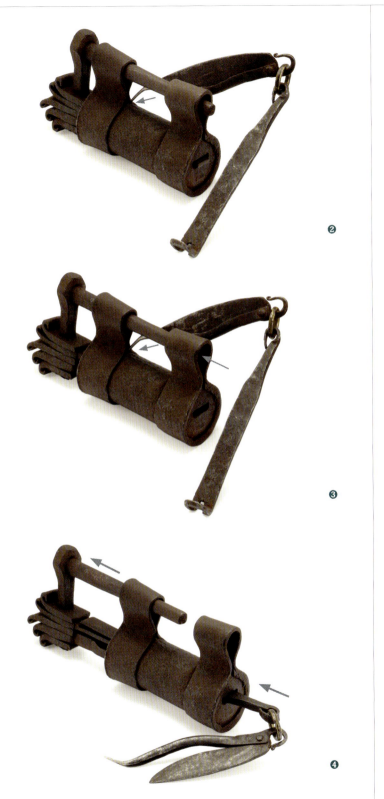

2. 用鞘尖摁下锁壳孔内的长簧片

3. 继续摁住锁孔内长簧片的同时挪动锁栓连同厚铁片导致锁孔暴露（第一阶段）

4. 插入钥匙开锁（第二阶段）

机关锁具

综合机关锁

五和造铜制综合机关锁
19世纪末至20世纪初
浙江
长 8.1 厘米

　　不管是迷宫锁、隐秘锁孔锁、锁孔堵塞锁、还是需要两把或两把以上钥匙才能打开的锁，它们都只有一个机关、是"单一机关锁"。而有的锁匠则在同一把锁上运用两个或更多的机关，让他们的锁更加保险。我们把这种复杂的锁称为"综合机关锁"。

　　2000年春，我们从著名上海锁具藏家陈邦仁的家中购得几把特殊的机关锁。其中一把五和款的综合机关锁，很可能出自浙江。这把锁表面上看是一把隐秘锁孔锁，下方有个宝剑的装饰。将锁一头的侧板旋转推开后，锁孔暴露了出来，但钥匙还是无法插入。原来暴露出来的只是锁孔的一部分，只有将底板滑开才能将锁孔全部显露出来，而且还是个迷宫锁孔，需要逆向思维才能插入钥匙，最后推出锁栓。这把锁孔隐秘又是迷宫锁孔的锁有两重机关，是把名副其实的综合机关锁。

❶　❷　❸　❹

三年后再访陈邦仁时，我们购得了更多机关锁。其中一把陈源兴款的白铜小锁与众不同。这把由白铜包柄的钥匙其实是个弹性薄钢片，钥匙头上翘，中间还有个长方孔。与传统常规锁具不同，此锁开启需往回拉，而不是向前推。锁孔仅为一条细缝，很容易被忽略。

开锁时，将钥匙插入锁侧件下方的细缝，直到听见"啪"的一响，便是长方孔卡在了锁梗与簧片的连接处。将钥匙回拉，锁簧便会被夹紧，并穿过锁壳门，带出锁栓。

多年以后，在伯克利的加州大学东亚图书馆，我们找到了一本1933年编汇的志书《中国实业志·浙江省》。书中提到绍兴是浙江省两个铜锡业制作中心之一，有百年以上的生产历史，清末民初时尤为兴盛。当时绍兴的铜锡业店有二十五个之多，其中三个都有陈源兴的字号，它们分别是：陈源兴老号、陈源兴新号及陈源兴明记。[3] 这样看来我们那把陈源兴白铜倒拉锁出自一个代代相传的绍兴铜匠铺。

浙江铜锡业店铺的作坊里一般有熔炉、熔埚、钳桌、小钳、锉刀、手摇钻、铁锤、铁砧及其他一些小工具。每个作坊都生产自己特有的产品，也接受订单。1933年时的生铜原材料除了小部分是国货，大部分都是从日本、德国或美国经上海进口的。随着洋货的引进，国有手工业逐渐衰落。到了1933年，绍兴仅剩三家铜锡业店铺。江浙一带传统锁具的生产值得做进一步调查研究。

倒拉锁

陈源兴造白铜倒拉锁
民国 浙江绍兴
长 7.5 厘米

机关锁具

密码锁

1998年秋，我们在康涅狄格州威尔顿（Wilton）小镇郊外的小古董店里找到了一对铜制的中国密码锁。每个锁上有五个转轮，但无人知晓解锁的密码。天色已晚，我们买了锁继续赶路。我正开着车，突然听到"啪"的一声，张卫把锁打开了！我心里别提多高兴了，可还没等我看清密码，张卫又把开启后的两个部件合拢了。我正怪她如果这次打不开了怎么办，她没多理会我，摆弄了一会儿居然再次灵巧地将锁打开。我恍然大悟，原来密码锁是极具耐心、手感灵敏的人的益智游戏。

传统的中国密码锁（又称"字锁"或"字码锁"）由两个部件组成：（一）由侧件及相连的三个或三个以上的转轮组成的锁壳；（二）由另一个侧件、相连的锁梁和带凹槽的锁梗组成的锁栓。锁梁进入锁壳侧件的锁孔后，转动锁壳上的转轮，将密码打乱，锁便锁住了。每个转轮的表面都刻有记号——通常是四个汉字。转轮的内部是一个带槽的转盘，每个转轮都与锁梗上的某个凹槽相对应。开锁时拨弄转轮，如果转轮表面的符号或文字与密码相符，也就是说各个转轮内部的槽与相对应的锁梗凹槽对齐了，锁栓就可以取出来了。

泰山造双色铜制四轮密码锁
清末至民国
长 5.9 厘米

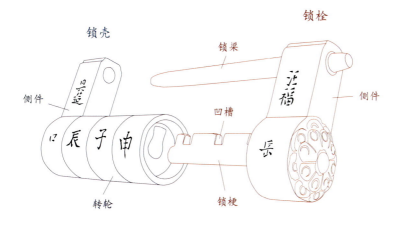

典型的密码锁：
锁壳、锁栓

如果不知道密码，手感又不灵敏怎么办？那恐怕只有笨鸟先飞，试遍所有的密码组合了！假设每个转轮都只有四个汉字，每次对齐一个组合只花两秒钟，那么三个转轮有 64 种密码组合（4×4×4），只需两分多钟就可以试遍所有组合。五个转轮有 1024 种密码组合（4×4×4×4×4），要花三十四分钟试遍所有的组合。可我们还看见过七轮的密码锁，大家还能有耐心一个一个地试完所有组合吗？

制作精巧的密码锁曾在民国时期的江浙一带流行。这些由白铜或黄铜制成的锁与我们现今使用的行李箱锁大小相似。它们一般用来锁小箱柜，有四个或五个转轮。

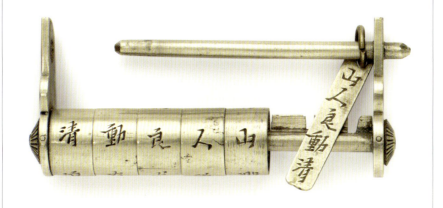

锁梁上挂有密码的白铜制五轮密码锁
清末至民国
江浙地区
长 6.8 厘米

铜密码锁在中国各地的制作风格各异。转轮上大多刻有汉字密码，少数则用数字，有的甚至用点阵或其他图案作为密码。大多数密码锁的两个侧件一个连着锁壳、一个连着锁栓，但也有一些密码锁的其中一边侧件还有两个部分：外部是锁壳的一部分，内部与锁梁及带凹槽的锁梗相连，是锁栓的一部分。

铜制六轮数字、汉字及点阵密码锁
民国
长 7.2 厘米

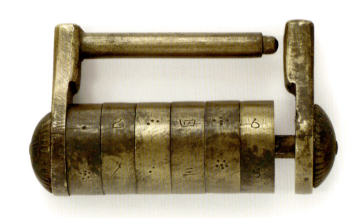

铜制三轮图案密码锁
清末
长 8.4 厘米

千禧年过后的那段时间、国内的古玩市场还算丰富。我们从现已不复存在的兆佳市场一位名叫魏大光的店主那儿买到过一把很特别的四轮密码锁、锁壳侧件下方做成转轮状、也微微向里凹、使之乍看起来像把六轮锁。带有缠枝饰物的锁壳侧件一头刻着锁匠的名号"周泰兴"、另一头刻着年款"辛未年"、对应公历的 1811、1871、1931 或 1991 年。根据我们的经验、这把锁的制作年代应该是 1871 年、也就是说、这是我们所见最早的带年款的密码锁。

周泰兴造铜制
四轮密码锁
清同治十年（1871）
长 9 厘米

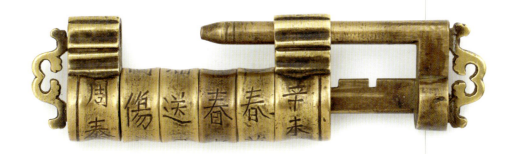

湖北机关锁具

2002 年 4 月，我们幸运地在北京找到了三把上乘的铜制密码锁。除了密码的转轮数不同，这三把锁的外观和设计都很相似。每把锁的两侧都有对称的八瓣花装饰。这些锁的共同之处是锁的两端上部都刻有锁匠的名号："汪福兴造""合兴自造"和"蔡怡茂造"。锁的两端下方则刻有"岳口"两个字。岳口是隶属湖北省天门市的一个镇，我们隐隐感觉这些锁都出自那儿。

我们在整理藏品的过程中发现还有一把隐秘锁孔锁和一把迷宫锁也分别刻有"汪福兴"和"蔡怡茂"字样。虽然锁上并无"岳口"二字，但它们的外形却很相似。锁侧上半部像扇拱门，而非本章前面所示的常见锁那样形状各异、多棱角。这两把锁做工优良、一把精美、一把简约。我们对岳口这个地方的兴趣油然而生，迫不及待地想要了解更多当地传统制锁业的历史与今天。

湖北岳口出产的
铜制密码锁
19 世纪末至 20 世纪初

汪福兴造三轮密码锁
长 7.9 厘米

合兴造四轮密码锁
长 9.6 厘米

蔡怡茂造五轮密码锁
长 11.7 厘米

汪福兴造隐秘锁孔锁
长 10.1 厘米

蔡怡茂造迷宫锁
长 11 厘米

湖北岳口出产的铜制簧片锁
19 世纪末至 20 世纪初

  在一次跟北京益智游戏爱好者余俊雄和周伟中的闲聊中，我们提到了岳口。这两位热心人欣然于 2007 年秋天前往考察，为我们打前站。他们的岳口之行确认了当地曾是优良的传统制锁中心；那时我们在伯克利的加州大学东亚图书馆寻找资料，展开了对岳口历史的调查研究。

  我们了解到早在乾隆年间，天门县就盛产棉制品，过去有"十户九织"之说。岳口那时很可能是织染中心，生产当地特有的蓝靛印花布。由于地处汉水弯道，得天独厚的地理位置使岳口成为天门县的经济枢纽，一跃成为湖北三大市场之一。[4]

  湖北素有"千湖之省"的美誉，19 世纪的湖北乡村之间陆路只有小道相连，故水路理所当然地成为最经济的运输方式。[5] 岳口上游的汉水蜿蜒于湖北北部及陕西南部，为抵达邻近的河南、山西提供便利；下游在约 175 公里处的汉口汇入中国最著名的长江。作为长江的最长支流，汉水也把岳口和天门县与湖南、四川、贵州连接了起来。

机关锁具   61

岳口汉江河堤
1942 年

汉口今天是武汉市的一部分,在 1861 年成为中国唯一对外开放贸易的内陆口岸,是中国内陆最重要的贸易中心。汉口既为岳口提供贵州、云南及境外的铜材,也为岳口提供广阔的销售市场。这种天时地利让岳口在清末成为铜锁业的一个中心。1988 年出版的《天门县志》曾有这样的记载:[6]

> 清光绪末年,岳口熟铜锁制造业兴盛,有帅鸿福、鲁长发、胡和兴、周树德、杨大昌等大小铜锁铺二十余家,岳口三岔街(见本书第74页)形成铜艺闹市。
>
> 熟铜锁的工艺大体分配料、制坯、整形、总装四个过程,整个工序全部为手工操作。品种分图案锁和巧孔锁两种。产品行销陕西、山西、河南、江西等省,并远销东南亚各国。[7] 民国十四年(1925),岳口熟铜锁获全国手工业品银质奖章。[8]

这里的"图案锁"是指隐秘锁孔锁,上面常有剑及花纹饰物,"巧孔锁"即迷宫锁。岳口著名的"密码锁"则在岳口 20 世纪 80 年代的历史资料里被称为"字锁"。

直到 1938 年,岳口的三岔街上还有二十多家锁铺。但随着现代弹子锁的流行和畅销,传统铜锁渐被淘汰,制锁业逐渐消亡。岳口所剩无几的锁匠也转行做了其他营生,只是偶尔修理老锁或给老锁配钥匙。[9]

岳口三岔街原址
2010 年

陈荣海与他20世纪
80年代收集整理的
岳口历史资料
2010年

2009年，我们终于来到了岳口。当地文化馆的老馆长刘高热情地接待了我们。在此后多年的考察中，他不仅将曾经研究整理地方史的陈荣海、陈玉祥介绍给我们，还帮我们找到了当地退休老锁匠熊发姆（1922–2012）和县志里提到的锁匠周树德（1867–1951）的孙子周庆洪。

与岳口当地学者讨论制锁历史
2010年

熊发姆住在邬月村，是岳口周边村里的最后一位锁匠。在他独居的简陋小土屋里，我们采访了他。

岳口邬月村最后一位锁匠熊发姆
2010年

我爷爷和他的四个兄弟当年从江西逃荒过来，他们以制锁谋生。爷爷将手艺传给了我的父亲，父亲就我这一个儿子，他又将手艺传给了我。我从十四岁就开始做锁，十六岁时我就能够独立完成制锁了。父亲活了八十多岁，但他六十岁时就不再做锁了。因为对着炉火看了一辈子，他的眼睛失明了。

我们村里大部分人都姓熊，都同族同根。我们这些锁匠也都沾亲带故，手艺只传给儿子。过去村里三十多户人家，每家都有一两个人做锁。可现在就只剩我一个锁匠了。

我没做过密码锁，但我做过（隐秘锁孔）锁。有钱人买锁是为了锁钱柜，强盗不能很快打开。从1959年后我就不做锁了，我做的那些锁十年内都卖光了。现在只剩下两把普通锁，自己用。

登门拜访熊发娅
2010 年

熊发娅讲述历史
2010 年

周庆洪则为我们讲述了他家的故事：

  我的老爹（曾祖父）是从干驿来到岳口的锁匠，干驿是天门的一个区，后来他收了一位叫鲁长发（1865-1963）的徒弟。我的爷爷周树德从九岁就开始学徒做锁，他们都在岳口开了锁匠作坊。我家的锁具名号是周复顺。有一次汉口的一个钱庄还从我爷爷那儿定做了十把生肖密码锁。

  我的父亲叫周衍方（1903-1994），他也做锁，但是不做密码锁。他的作坊过去在汉水堤上青石码头附近（见本书第74页），1954年发了大水，堤上的房子全都毁掉了，他就搬到了岳口镇上。我十一岁就离开家了，我没有做过锁。

  我家里现在还留下三把锁：一把"猴"锁（弧形的钥匙有点像猴子，要从锁的底部插入锁孔——引者注）、一把"剑"锁（隐秘锁孔锁的下方有一个剑状的装饰——引者注），还有一把鲁长发做的三轮生肖密码锁。

刻有"岳口青石码头"
的铜制四轮密码锁
周复顺造
20世纪初
湖北岳口
私人收藏

周庆洪家传的"剑"锁

周庆洪家传的"猴"锁

周庆洪家传的鲁长发造三轮生肖密码锁

登门拜访岳口锁匠
周树德后代周庆洪
2010年

周庆洪讲述家史
2010年

岳口锁匠鲁长发之孙鲁新国讲述家史
2011年

找到李可发的瞬间
湖北天门
2011年

2011年，我们第三次来到岳口，同行的有北京的朋友苏荣誉，他是中国科学院的青铜器和冶金学专家。鲁长发的孙子鲁新国（1953-2014）对苏教授讲述了鲁家的制锁历史：

> 我的爷爷是个锁匠，他的名字叫鲁方炳，鲁长发是他的名号。我的祖先来自江西西部，父亲告诉我爷爷是一路讨饭过来的，最后落户在岳口。爷爷离开江西时就已经会做锁，也许是跟他的父亲学的吧。1949年以后他就不做锁了，他于1963年去世。我家里还有几把他做的锁，但是都没有钥匙。
>
> 我的父亲鲁德森出生于1918年，他跟爷爷学做锁，继续用鲁长发的名号。做锁的手艺就是这样一代代传下来的。
>
> 母亲告诉我爷爷的锁卖到很多地方，包括汉口的汉正街。汉正街当时是个很重要的商业街和工业商品集散地。那时候岳口到汉口之间是水路交通，人们在汉水行船靠摇橹和拉纤。
>
> 父亲的最后一位徒弟是李可发，他还在世，退休前在电站工作。他现在住在天门，头脑还清醒，可以找他谈谈。

找李可发（1930-2015）颇费周折。当我们顶着三伏天的烈日在天门误打误撞找到他时，他正在路边茶摊后面和一群朋友搓麻将。

"请问哪位是李可发？"苏教授一进到阴凉的小棚屋里就问。一群老头惊讶地看着我们这群外地人和一个老外在找一辈子没出过远门的李可发。

"找我干什么？"李可发把手中的牌打了出去，透过黑框眼镜打量了打量我们。

"您……以前做过锁？"

"做过啊……"

"我们想向您了解一下岳口制锁的历史。"

"哦——？"李可发咧开嘴笑了，扭过头去有点得意

李可发向苏荣誉教授
演示开熟铜巧锁
湖北天门
2011 年

地对他的牌友们说,"这可是我的专项!"他把牌推倒站了起来:"走!到我家坐坐!"我们劝他打完这圈再走不迟,他早已骑上他的电瓶车准备领我们回村。

年过八十的李可发操一口浓重的湖北天门口音,身材魁梧,穿着缝补过的薄连帽衫,笑声爽朗,性格模样都十分可爱。刚进家门,一看到我们递上的岳口锁,李可发就迫不及待地打开了他的话匣子:

> 我的父亲是给鲁长发打工的。鲁长发主要生产铜制品,也是岳口三四家锁匠中生意最好的。1946 年,我十六岁,父亲带我到岳口去给他的老板当学徒。一般学徒要干三年整,但是我与师傅谈成了两年,两年后我就出师,是带薪的帮工了,不过那时薪水也很少。

> 鲁长发的产品小有名气,作坊在他家里,生意很好。他还特别制作各种熟铜巧锁,像这个三打四开的剑锁,那会儿我一天能做六把。

> 我们那时也做密码锁,有三轮的和四轮的,有时还做五轮的。密码锁面上的文字是买家提供的。但是我们锁匠用不着密码,全凭手感也能打开密码锁。这是个特别的技术。

> 解放以后我们就不做锁了。那时候弹子锁流行于市场,老式传统锁就没有人要了。你看,这把老式传统锁我用两根铁丝就可以打开。根据市场需求,我们开始做别的东西——铸造锅碗瓢盆之类的,还有扣子等其他的东西。

继找到光绪锁匠鲁长发和周树德的后代之后，我们在天门市郊找到了《天门县志》中提到的另一位岳口锁匠帅鸿福的后代帅玉田。

我是岳口锁匠帅鸿福的曾孙。我们家的招牌是"帅合兴"。1938年日本人打来时，我们全家从岳口逃到了母亲的家乡干驿，离天门约30公里。当时我只有四岁，我们在干驿一住就是五十年，直到1988年退休我才搬到天门。退休后我对打麻将之类的没兴趣，所以将精力投入到了修家谱上——这可有意思多了！只可惜在"文化大革命"破四旧的运动中，大部分族谱被毁，仅堂兄一个1962年的袱钱本子幸存。因此，我的研究是基于很不完整的史料，只能按照我父亲的回忆来写。

帅玉田和他整理的
《帅氏家谱》
湖北天门
2011年

明朝初年，中国出现了大规模移民。饱受战争之苦的湖北人口稀少，良田荒芜，因此成为新移民的安置区。我们祖辈从山东逃荒、逃难到湖北后最终在干驿落脚，有些铜匠手艺。村中形成了帅家铜匠、肖家制秤、汪家补锅、刘家补缸、陈家木匠这五业，各业世袭相传，各有千秋。其中帅家铜匠为我天祖父**帅大湖**。他有三个儿子，后来有各自的招牌，尤以长子帅开钰最为成功。

帅开钰便是我的高祖父，家住干驿帅家台，由"挑铜匠担子"起家，常在襄河南岸一带走集串乡。由于妻子勤俭持家，高祖父积累了一定资本后，卖屋卖田，迁到岳口落籍后以"帅合兴"为招牌制作熟铜巧锁。从此高祖父由一个挑担手工业者变为有一定资本、雇请工人的铜货铺老板。他育有鸿福、鸿寿、鸿康三子和一女。女儿还嫁给了同期从干驿来岳口开铜匠铺的**刘福太**。[10] 高祖父活了八十岁，死后丧仪隆重，徒弟亲戚等送葬者百余人，葬于天门与干驿之间的马湾。

曾祖父**帅鸿福**接手锁业时，拥有资金约300吊，约70银元。曾祖父育有业钧、业昆二子。1915年，全家搬到青石码头附近与河街相交的铜匠街（见本书第74页）。帅合兴店和刘福太店门对门，有三个房间，店面朝街，作坊在后，楼上住人。作坊常雇四名熟练工人，生产数十种不同花样的熟铜巧锁，每个工人一天能做五把锁，每月能产"四两头"600把，旺季稍有增加。门面有块很大的招牌，锁具用印有招牌的纸包装。因为店铺靠近繁忙的码头，营销很方便，帅合兴的锁具远近闻名。岳口当时很繁荣，来自湖北、河南、陕西、山西上游，汉口下游，及其他地方的商人带来橘子、芝麻、香油和当地特产在岳口出售，并购买成批的锁具返乡销售。帅鸿福继承祖业，勤劳、公平，将帅合兴的业务资产增加到1200银元。帅开钰和帅鸿福，以帅鸿福一代最繁荣昌盛。曾祖父活到七十四岁，死后葬于岳口。

帅鸿福的长子是我的祖父**帅业钧**（1891-1971）。他子承父业，继续经营帅合兴店铺，育有一子明云。在20世纪30年代，祖父靠汉江上的小火轮从汉口购买工具和铜材，其中有锤子、锉刀、刮刀、钻头、风箱、砧以及一米长的锻压厚熟铜板。他和工人用锤子将铜板锤打成适当的厚度，再将其裁切成锁壳盒所需的形状，在两块铜材间涂上焊膏后用高温将它们焊接在一起。锁栓是模制的，上面安装了簧片，锁栓的端头上凿有"帅合兴造"的字样。经过刮擦和抛光后，每个成品锁都用印有帅合兴招牌和地址的大红方纸包好，作为品质的保证。1938年，日军占领岳口后将帅家店铺改为马厩，后烧毁。祖父曾率领教友到干驿避难，但他自己却选择留在了岳口，靠制鞋钉和修配过日子。祖父在干驿去世，享年八十岁。

我的父亲**帅明云**（1913-1986）是帅业钧的独子，生于岳口。他读了七年私塾后在帅合兴店里做手艺，有一个儿子**帅玉田**（我自己）及三个女儿。1938年日本人占领岳口时我们全家到干驿母亲娘家避难。父亲挑担子串乡、种田，历经磨难，直到日本投降后重操制锁旧业，日子才有好转。1949年，他买了房子，后当选为副乡长。1952年之前父亲和他的伙计一直在制锁，所以即使我从未制过锁也知道制锁的过程。随着黄铜材料越来越难获取，父亲只能以熔化铜材碎料来修理门锁、制造锁具、家具五金配件和木箱的包角。最终人们更青睐优质的进口锁，传统锁的市场便消失了。父亲活到七十四岁，葬在干驿。

帅鸿寿是我曾祖父帅鸿福的弟弟，曾辅助经营家族的铜锁业。他的孙子**帅明阳**娶了帅家世交**汪紫岩**的女儿为妻。汪紫岩为汉口锁匠，创建了汪永太招牌。[11] 他的店铺里也卖帅合兴锁。后来帅明阳的大女儿**帅九枝**嫁给了表哥——汪紫岩的孙子**汪家生**。[12]

帅合兴造铜制密码锁
20世纪初
湖北岳口
长8.8厘米

帅玉田（后右一）与祖父帅业钧、父亲帅明云（前排中）及家人
湖北干驿
1965年春节

汉口锁匠汪家生
讲述他的家史
2011 年

汪家生 1957 年的
手工业工会会员证

帅家的家史俨然一部地方制锁史，我们难以相信自己误打误撞得来的运气。夜色已深，帅玉田拨通了汪家生的电话，并画了张汉口汉正街一带的小地图，让我们去找他。第二天到了热得像蒸笼般的武汉，我们在错综复杂的老楼区里找到了汪家生。老先生点了支烟，打开了话匣子：

汪家祖上从安徽来到湖北，最初定居在天门地区。[13] 后来全家搬到汉口开始制锁。我的祖父是汪紫岩，他的招牌"汪永太"传给了我父亲汪传福。他们在老庙街的店铺除了销售自产的锁，也卖帅合兴和其他岳口锁匠的锁。店铺竖标上写有："汪永太，岳口巧锁"。

我从小就和父亲一起做锁。我做过简单的锁和迷宫锁，但没做过密码锁。如果有工具，我现在还能做。那时候，我们没有铺面，只有一间四个工匠的作坊。我们的锁因为是卖给五金店的，所以没有打款。那时候生活异常艰难，农民们在农闲时到汉口找工作，直到回乡过年。一来二去我们都熟了，他们打工也就是为了有口饭吃，所以无论有没有工作我们都管他们的饭。

我们的锁不用模具，全都是手工打造。我们从宁波人那里买锻铜板，他们的作坊就在长堤街附近。他们先将黄铜熔化了，倒入模中制板。我们要将铜板錾锤到所需的厚度，再裁切成片，然后将片件用焊药焊接在一起制成锁壳。汉口有三家锁匠。除了我们，还有另一个汪家和一个陈家。每个锁匠家里都有自己的焊药配方，温度必须高到足以熔化焊药，但又不能熔化铜材。

1954 年以后，国家禁止私人用黄铜制造东西。我和父亲不得不放弃制锁，但仍会有人找我修锁。我从未带过徒弟，因为没人要学制锁。1957 年，我在汉加工具厂有了正式工作，还加入了共产党和武汉市手工业劳动者协会联合会。这是我的会员证，上面注明我的祖籍是天门。我的所属行业是制作铜锁，我们的招牌是汪永太。我没念过书，所以这个证是别人帮我填写的。解放后，我在扫盲运动中学会了阅读和写作。要不然，我后来怎么可能成为师傅呢？[14]

又过了几年，我们再次联系时得知，汪家生与帅玉田已分别于 2013 年和 2016 年去世，前面提到的熊发娒、鲁新国和李可发也已不在人间。从我们收藏的岳口锁上刻的名号来看，还有很多地方志中没

帅大湖
祖辈从山东逃难到湖北，最终落脚干驿，有铜匠手艺

帅开钰（长子）
挑铜匠担子起家，有积蓄后变卖房田，落籍岳口，雇工开铺，创建帅合兴招牌

帅开磺（次子）
创建帅和顺招牌

帅开？（三子）
创建帅合义招牌

帅鸿福（长子）
继续经营帅合兴招牌，1915年搬至岳口青石码头附近的铜匠街，生产数十种不同熟铜巧锁，远近闻名

帅鸿寿（次子）
协助帅鸿福经营

帅鸿康（三子）

帅？（女）——刘福太
从干驿到岳口开铜匠铺，创建刘福太招牌，铺面正对帅合兴店铺

汪紫岩
祖上从安徽来到湖北天门地区定居，在汉口老庙街创建汪永太招牌，兼卖帅合兴等岳口锁

帅业钧（长子）
继续经营帅合兴招牌直到1938年店铺被日军占领、烧毁

帅业昆（次子）
协助帅业钧经营

帅业铨（独子）

汪莲英（女）

汪传福（子）
继续协助父亲经营，招牌为"汪永太，岳口巧锁"

帅明云（独子）
在帅合兴店制锁，直到1938年逃难至干驿，日本投降后重操制锁旧业直至1952年，传统锁随着市场消失逐渐退出历史舞台

帅明阳（独子）
岳口/汉口走街串巷工匠

帅玉田（长子）
1988年退休后开始整理帅家家谱及制锁史

帅九枝（女）————汪家生（长子）
与父亲一起制作无招牌锁卖给五金店，直至1954年国家禁止私人生产铜器

有提到的锁匠，除了作品呈现在本章的汪福兴、蔡怡茂和刘福太，还有周全兴、工和兴、杨和太、汪同盛、汪宏发、王永泰、王永茂及郭永太等。可惜我们多次去岳口以及周边地区寻找他们的后代，均未果。随着老人们的去世，岳口制锁的记忆和讲述从此画上了句号。

帅、刘、汪制锁家族之间的联系

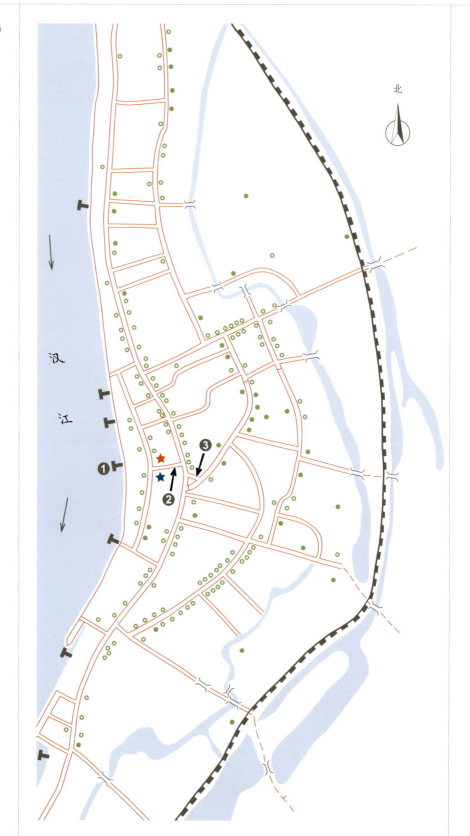

黄五胜和李怡兴的机关锁具

与其他地区簧片锁的外形相比，岳口簧片锁的外形很特殊。岳口锁壳的横切面像个拱门，而其他地区的锁壳横切面多是棱角分明的。岳口锁壳整体鼓起呈流线型，而其他类锁的锁壳整体有棱有角、直来直去、面面相接。

许多锁壳棱角分明的簧片锁，包括最早张卫妹妹送给我们的那把，都锤印或錾刻有黄五胜商号，其他的还有李怡兴、全兴、源源、徐恒和、福仁泰等。与岳口锁不同的是这些锁都没有标注产地。黄五胜和李怡兴这两位锁匠尤其多产，存世锁具最多，但史料文献上却是一片空白。近二十年来，我们请教过的学者、古玩商及锁具藏家也没有答案。难以想象这些近代以来繁盛一时的手工产业居然没有留下任何记载或照片，完全消失在历史的长河中。那么这些锁匠是哪里人？是在什么时代的哪个地区做生意的呢？

2012 年 1 月，在成都古锁收藏家周汉春（1950–2018）的倡议下，收藏家及古董商们在北京成立了中华锁具文化研究会，互相交流的同时还举办展览和学术讲座。锁壳棱角分明、出自清代锁匠黄五胜和李怡兴的机关锁在全国各地都能看见，因而这两位锁匠也经常出现在会员们的讨论中。山西的锁友们坚持认为黄五胜是山西人，因为黄五胜的锁具在太原最常见。北京的古玩商则不容置疑地告诉我们："黄五胜的作坊就在你脚下方圆十公里的北京城内。"有的锁友认为黄五胜是北方锁匠、李怡兴则是南方锁匠。有的锁友则说这两个锁匠都是福建的、还说黄五胜甚至还曾在福州的茶亭街有作坊，生意做大了以后才搬到上海去了。

就在给本章定稿之际，我们万万没有想到有位青岛的锁友真的在大海里捞到针了。他偶然发现一张广州永汉路（现北京路）的老明信片上有黄五胜的锁铺。几百年来永汉路是广州市区的商业和文化中心，照片拍摄于 20 世纪 20 年代初街面扩改之后。[15] 这条商业街上只有行人和黄包车，一辆机动车也没有。照片中商家招牌林立，但任何锁友、锁具藏家都不可能错过中间那个"黄五胜铜锁"的幌子。起码现在我们可以确认，黄五胜在民国时

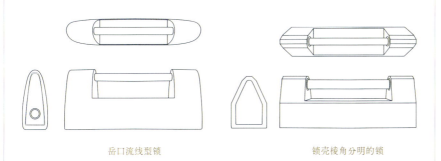

岳口流线型锁　　　　　　　　锁壳棱角分明的锁

广州永汉路上的黄五胜铜锁招牌

20世纪二三十年代

期的广州开过店！

  这下我的脑子里仿佛被人扔进了鞭炮一样，马上开始寻找更多关于黄五胜的消息。广州位于香港西北120公里的珠江北岸。10公里左右的环城老城墙内还有个东西走向的城墙将市区一分为二，大的北区是老城，小的南区是新城。20世纪20年代，广州的城墙被拆毁，取而代之的是拓宽了的碎石路。我先从互联网着手寻找民国时期广州的商业地址通讯录，但可惜只找到了关于洋商的信息，直到有一天我突然看到了一本1591页的中英对照的通讯录——《万国寄信便览》。这个通讯录是一个在美国旧金山邮局里工作、名叫黄金（Wong Kin）的广东人汇编的，于1913年2月出版。[16]

  我迫不及待地在通讯录的广州部分仔细寻找"Huang Wusheng"这几个词，那马上就要与黄五胜隔空相遇的预感让我兴奋不已。广州部分有127页，有五千多个商号的地址，买卖从水桶到猪皮应有尽有。我一直看到最后一行，就在我以为里面没有"Huang Wusheng"的时候，我突然意识到我用的是普通话的汉语拼音而不是当时的粤语拼法来查找的。果不其然，里面有个"Wong Ng Sing, Copper Locksmith"，边上的中文就是"黄五胜铜锁"。这下我心里的石头终于落了地。从地址上看，在广州的老城区双门底（北京路的另一个老街名）上街21号，应该就是明信片上的那个位置。

  我趁热打铁，一口气在《万国寄信便览》里又找到了八个广州的锁店，其中包括位于高第街245号的李怡兴锁店。高第街是广州新城的主要商业街，看来黄五胜店和李怡兴店在民国初期是竞争对手，在广州古城墙南北分别开了店。

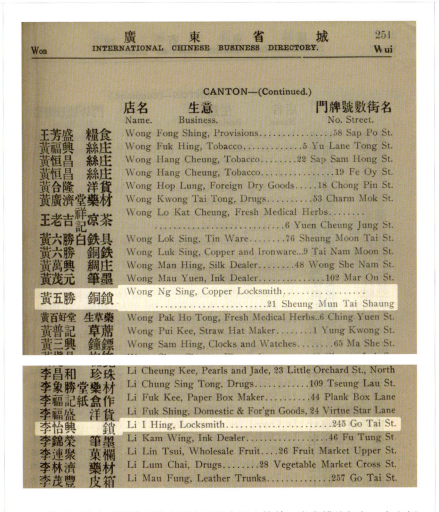
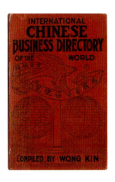

黄五胜店在广州的地址
1913年
黄金编著《万国寄信便览》

李怡兴店在广州的地址
1913年
黄金编著《万国寄信便览》

然而，许多事情并不像表面上看起来那么简单，常常错综复杂，令人颇费心思。找出黄五胜的生产地就是一个例子。很快我们又发现一个新的线索。1910年6月5日，也就是2010年上海世博会的整整一百年前，清政府的第一个国家博览会南洋劝业会，在南京开幕。有近百万件物品在三十个展馆里展出。截至11月29日闭幕之前，共有三十多万中国观众及五千名外国观众参观了展览。外国观众主要来自日本，根据日本出版的南洋劝业会资料的获奖名单来看，黄五胜制作的熟铜锁获得了四等奖，是1218个获得四等奖的展品之一。有趣的是，清单上的黄五胜来自福建，而非广州。[17]

那么，黄五胜到底是来自广州还是福建呢？事实上，他有可能既来自广州也来自福建。按照中国人的传统，如果籍贯是福建，那么不论他实际在哪儿出生长大，他都会自称或被称为福建人。黄五胜清末在广州开了店，也许甚至把生意做到了上海和其他城市，就像当时许多象牙银器工艺品商人一样。希望后续的调查可以找到答案。

奥古斯塔斯·亨利·
莱恩·福克斯·皮特－
里弗斯

我们从剑桥大学李约瑟（Joseph Needham，1900–1995）教授的书中了解到一位名叫奥古斯塔斯·亨利·莱恩·福克斯·皮特－里弗斯（Augustus Henry Lane Fox Pitt-Rivers，1827–1900）的中将，[18] 并在2007年特意去了牛津大学参观以他的名字命名的皮特·里弗斯博物馆（Pitt Rivers Museum）。皮特－里弗斯中将是最早有记录的锁具收藏家之一，他的故事可不一般。

奥古斯塔斯·亨利·莱恩·福克斯是一位出生于英国贵族家庭的陆军军官，从1851年就开始收藏世界各地的锁具和钥匙。1880年，他从舅公那儿继承了巨额财产和多塞特郡（Dorset）的庄园，并根据遗赠条件改姓为皮特－里弗斯。他1882年从军队退役时获得了荣誉中将的军衔。

1883年皮特－里弗斯中将出版了《关于早期锁和钥匙的发展和分布》，书的插图中展示了他收藏的一个"现代中国铜挂锁"。[19] 虽然插图上没有锁具的名号，但这把锁壳棱角分明的锁，与我们收藏的一把黄五胜款的老铜锁一模一样，而且与包括李怡兴在内的其他锁匠的锁也很相似。

皮特－里弗斯中将在1884年将其收藏的所有锁具和钥匙，及两万两千件民族及考古藏品捐献给了牛津大学，设立了皮特·里弗斯博物馆。然而博物馆的设立并没有影响皮特－里弗斯中将收藏的热忱，他又开始了新一轮的收藏。1886年10月1日，他在伦敦举办的"殖民地及印度博览会"上购买了六把锁壳棱角分明的中国锁具，有两对成双的及两把单个的。博览会的香港部在皇家阿尔伯特音乐厅（Royal Albert Hall）的楼厅处开了一个巴扎市场，

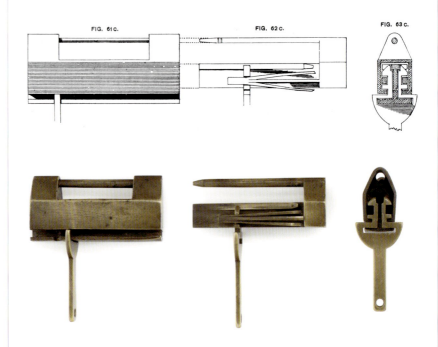

"现代中国铜挂锁"
插图
1883年
皮特－里弗斯
《关于早期锁和钥匙的
发展和分布》

铜制底部开启锁
黄五胜造
约19世纪80年代
长8.3厘米

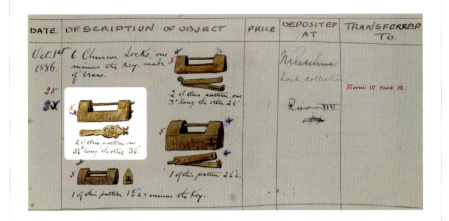

皮特-里弗斯中将新收
藏目录中的隐秘锁孔锁
（左上）
1886 年
皮特-里弗斯《考古和人
类学收藏目录》
剑桥大学图书馆

专门销售中国货物。皮特-里弗斯中将的锁具很可能就是从巴扎市场的经理、一位名为"Chun Quan Kee"的广州富商那儿购得的。[20] 这几把锁登记在皮特-里弗斯中将的新收藏记录中，并在他位于多塞特郡的法纳姆（Farnham）村的私人博物馆第四展厅展出。[21]

法纳姆博物馆在 1962 年闭馆，那六把中国铜锁与博物馆的其他藏品都已出售给他人，下落不明。[22] 即使现在无法断定那几把皮特-里弗斯藏锁出自哪位工匠之手，黄五胜、李怡兴等锁匠都肯定制作过同样的锁。皮特-里弗斯收藏目录里左上方的隐秘锁孔锁及带有铜钱状的钥匙与我们在本书第 50—51 页中介绍的李怡兴的锁是完全一样的。这些线索表明中国的锁匠，也许包括黄五胜和李怡兴，在 1880 年或更早就开始制作锁壳棱角分明的隐秘锁孔机关锁了。

总而言之，黄五胜和李怡兴是两个最著名的机关锁制造商，似乎还是竞争对手。他们已知的商铺曾经在民国初期广州的两条主要商业街上营业。黄五胜的商铺从 1913 年前开到 20 世纪 20 年代，李怡兴也在 1913 年前就有商铺。由此看来，他们很可能从 19 世纪 80 年代或更早就开始制作锁具，一直持续到 20 世纪三四十年代。也许他们家族的锁业传承了好几代，并一直沿用了"黄五胜"和"李怡兴"这两个商号。

如果在 1965 年李约瑟提出建议（见本章引言）不久，就有人去收集整理关于中国锁匠的发明创造的话，我们近年来的考察研究就会从中受益。遗憾的是，半个世纪过去了，我们只能从数量少得可怜的文献中找到只言片语，或只有从有限的老锁上观察总结出一点当时的制锁情况。我们鼓励中华锁具文化研究会的成员和任何对此有兴趣的朋友继续在居住地的档案馆查找资料、走访当地对民国时期的情况还有记忆的老人，大家齐心协力挖掘整理出更多关于中国锁匠的发明及发展史料。

❶ ❷

湖南机关锁具

我们 2001 年第一次去江西省会南昌的时候，当地的私营古玩业经过了五十多年的管制刚刚开始恢复，古玩市场基本被国家文物商店所垄断。在江西省文物商店我们找到了两把复杂的综合机关铜锁，每把锁都需要两把钥匙才能打开，而且它们的锁孔是隐秘的。其中一把锁的正面刻有鱼、羊、花卉，右侧刻有一行小字"公元一九五一年办"，开启这把锁要十三个步骤。

另一把锁的正面刻有缠枝荷花和两个对称的圆花纹，打开这把锁要十四个步骤。锁的下方有对称的两个花瓣，中间是剑状的装饰，锁的两端有花卉饰片。锁梗上的簧片有三个不同的长度，因此打开这把锁要经过三个阶段。将锁一侧的花钮往下按就会压下最长的那个簧片；中簧片和短簧片则要通过钥匙的挤压才能通过锁壳门。这把锁的奇特之处是锁底的板片需要前后推动暴露出第一个锁孔，然后再左右推动才能暴露出第二个锁孔。

德国锁具专家皮特（Peter Friedhelm von Knorre）2009 年到我们位于伯克利的家做客时，看了我们当时收藏的近两百件机关锁具。皮特不仅爱锁，还在全球范围内买锁卖锁多年，对所有锁具的种类了如指掌，有着瞬间判断年代和产地的火眼金睛。当他告诉我们这两把"江西锁"其实是"湖南锁"，确切地说是湖南西北部常德境内的桃源县产的锁时，我们着实有点意外。

七年后的 2016 年春，我们终于有机会去湖南桃源一探究竟。我们直接去几个古玩商的家里看，很高兴地买到了一些种类各异的古董桃源机关锁，其中一些机关从来没在其他的中国机关锁上发现过。桃源锁最特别的当属"牛尾簧片锁"和"牛尾密码锁"。锁梁从侧面优雅地上弯，似牛甩尾；侧件上的铜卷则像极了牛角。有些锁甚至同时使用了黄铜、红铜及白铜三种不同的铜质材料制作。

铜制双钥匙双隐秘锁孔机关锁
20世纪初至中期
湖南桃源
长 11.5 厘米

三色铜制七轮牛尾密码锁
20世纪初至中期
湖南桃源
长 16.1 厘米

铜制牛尾迷宫锁
20世纪初至中期
湖南桃源
长 11.5 厘米

我们从当地人那里了解到，桃源以木雕、刺绣以及清末民初时的铜锁闻名。过去的锁匠一般没有固定作坊和店铺，只是挑着工具走街串巷。有钱人家有时也会请他们来家里制作锁和其他铜器，除了给工钱，还包吃包住包原材料。这些手艺人一般都是普通铜匠，主要修补厨具、农具和生活用品，可能极少数人才是纯粹的锁匠。

据传桃源最出名的锁匠非王玉岐莫属。无人知晓他的原籍，只知道他在20世纪70年代去世之前一直在桃源生活和工作。他享年八十多岁，无儿无女，也没带徒弟，因此他那手绝活很遗憾地失传了。现存的王玉岐的锁个个精雕细琢、价格不菲，而且一锁难求。

其次有名的锁匠是武师傅。他的特点是喜欢在锁具上刻绘鹿、狮子和其他动物。他大约于2000年离世。接下来比较有名的三个师傅中最出色的是余少云，他的锁没有刻绘，但是制作精良，不过武师傅去世后一两年他也走了。其他两个就是王师傅（与王玉岐没有亲缘关系）和唐显佃。王师傅是武师傅的徒弟，擅长在锁具上刻绘花鸟，他于2010年去世。唐显佃如果在世也应是七八十岁的老人了。2006年还有人在桃源以南的新化县见过他。幸运的是所有五位桃源名锁匠制作的机关锁我们都有、而且还有不止一把出自王玉岐之手。

2016年秋天我们再赴桃源，希望能找到那些已过世的名锁匠的后代和家人，向他们了解过去制锁的情况。经当地朋友指点，名匠余少云过去曾经生活在桃源郊区三阳镇的一个村子里，于是我们赶紧包车前往。功夫不负有心人，我们居然遇到了余少云最小的弟弟余少飞。这位桃源最后的锁匠十分热情地接待了我们，并回答了我们的问题：

我从八岁就开始学做锁，现在我已七十九岁了。我是跟我大哥余少云学徒的，他十几岁时跟一个叫王红新的铜匠学徒。我的二哥余少丙也做过锁，我们三兄弟都做过锁和其他铜器，也做过机关锁。那时，人们拿来一把锁，让我们做一把更好的。我们的锁上都没有名号，如果主人要求，我们会将锁主人的名字刻在锁上。锁的价钱是根据造锁的工时算的。我没有收徒弟。现在做锁赚不到钱，有谁愿意做这个？

走之前，余少飞将他哥哥余少云做的一把铜锁转让给了我们。不出所料，这把锁没有刻花，但做工绝对一流。

离开湖南的前一天，朋友带我们去见常德当地一位收藏家

桃源最后一位锁匠
余少飞
2016年

王先生。王先生请我们去他家顶楼的茶室小坐。当得知我们对当地的锁有兴趣时，他遗憾地说他收藏了不少木雕、刺绣、陶瓷和家具，但锁却只有一把，还是十五年前他从朋友手中赢过来的。"那天与我的一个桃源朋友吃酒，他打赌说若是三分钟内能把锁打开，锁就归我。"王先生笑了笑说，"谁知道我半分多钟就打开了，比他预计的快多了！所以我今天才有了这把锁。"

这把锁很特殊，是一把钥匙藏在锁内的机关锁，一面刻有"李源茂记"，一面刻有花卉缠枝。底部两头是装饰钮，中间有个剑状的饰物。锁的两侧分别有两个圆钮，其中一个带有功能。按下这个圆钮即可将锁栓向外推出少许，使锁的底板刚刚有足够的空间旋转开，暴露里面隐藏着的钥匙，钥匙后面又隐藏着锁孔，将钥匙插入锁孔，向锁栓方向推动就可开锁。王先生从来都是只买不卖，但那天因为很开心我们之间有这般缘分，便忍痛割爱，破例将自己唯一的锁让给了我们。

铜制隐藏钥匙机关锁
20 世纪初至中期
湖南桃源
长 12.4 厘米

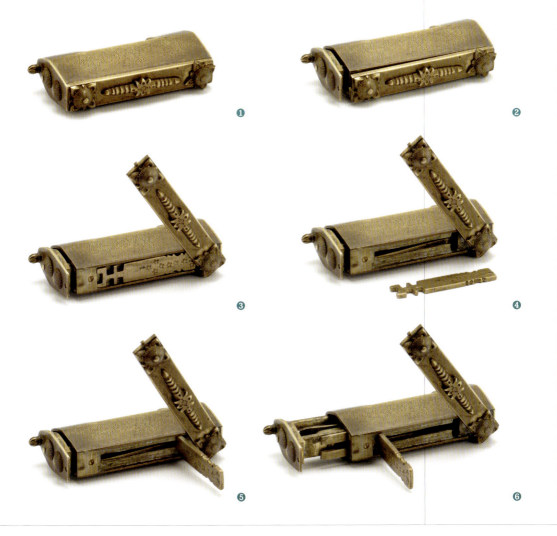

机关锁具　83

山西机关锁具

我们第一次去山西的平遥古城是在1999年,自那以后,我们每年都要去好几次。清末,平遥富可敌国的商人们建立了各种商会,生意遍布华夏大地,平遥也因此成了全国的金融中心。艺术、手工业在这样富饶的环境下繁荣发展,人们需要更多更好的办法来保护财产,锁的需求自然也直线上升。难怪山西既成了各个种类的锁的出产地,也成了最大的输入地,其中就包括来自湖北岳口的锁。

山西的地下,有全世界最大的煤矿储藏之一,同时还有丰富的铁矿资源。很早以前,铁制品就成了山西省的龙头产品。[23] 加之山西属于干燥的北方,铁器不易生锈,因此价廉物美的本地铁锁较之昂贵的铜锁,成了普通家庭实惠的选择。[24]

一篇1948年的调查曾经报道,晋东南的晋城是个锁具制作中心,生产的铁锁有十几种之多。其中包括圆锁、方锁、侯马锁、五道箍锁、炮锁、顶方锁、牛圪铃锁、小方锁、牛蛋锁、未五样锁及老伟锁等。[25] 可惜我们还没有找到这篇1948年调查报告的原版,而且引用这个报告的那本1978年出版的书也没有相应锁具的图片,我们只能通过想象将我们艺智堂收藏的山西铁锁与这些锁名对号挂钩。

目前山西制作的锁具在当地的古玩市场还有很多,每次我们都能从山西满载而归。我们藏品中的山西机关锁可谓造型各异、五花八门——有大有小,有铁有铜,锁梁或直或圆,有的机关特征令人叫绝,且为山西所独有。

各式各样的山西机关锁
19世纪末至20世纪初

铜制两阶段隐秘锁孔锁
锁高 12.5 厘米

铁制双锁梁双钥匙两阶段锁
锁长 5.9 厘米

铁制隐秘锁孔锁
锁长 7.9 厘米

用钥匙两次、分两阶段打开的铁锁
锁长 9.8 厘米

铁制迷宫锁
锁高 15.6 厘米

铁制三阶段锁孔堵塞锁
锁高 15 厘米

锁具早期历史

木质和金属锁具在埃及、美索不达米亚、中国和古罗马帝国都有几千年的发展过程,且常有惊人的相似之处。由于考古遗址中保存完好的锁具很少,锁具的历史因此很难确定。李约瑟曾指出,旧大陆各个国家之间的锁和钥匙存在紧密的联系。他推测,锁具最基本的形态来自早期的美索不达米亚和埃及文明,后沿着贸易路线向四方传播,直到现代也没变化多少。[26]

在中国仍然可以找到固定在门上的木质锁。[27] 我们在安徽和江西的老房子中见到过许多例子,并收藏了一套来自河北衡水的木门锁。江西抚州的熊文义开设了一家中华古木锁博物馆,展示了三千多件木门锁藏品,多数是清代的。

中国最早有据可查的铁制簧片锁之一,是1973年从陕西临潼郑庄的秦代石料加工场遗址中发掘出来的。锁是固定在一对相连的脚铐上的,很可能用在为秦始皇陵加工石料的囚犯身上。[28]

同样在1973年,河南王寨附近的王湾村有个农民整地时挖出了一个东汉时期的铁制簧片锁及钥匙。该锁固定在一个三十五环链子的一端,锁内有七对簧片。钥匙由一块铁片制成,钥匙头弯折90度成耙状,上面三个凹槽和四个方孔分别对应锁内的簧片。开锁时需将耙齿插入钥匙孔,将钥匙旋转90度后推入才行。[29]

铁制簧片锁及示意图
约公元220年
河南王湾村

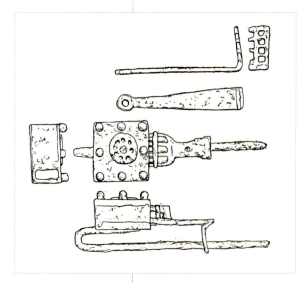

王湾村出土的锁具与1860年在英国出土的一件制作于公元100–400年的罗马锁具十分相似。这件锁具是考古学家詹姆斯·巴克曼(James Buckman,1816–1884)从罗马行省重镇科里尼翁(Corinium)的遗址中发掘出来的,现藏于科里尼翁博物馆。科里尼翁在伦敦以西130公里,即今天的赛伦塞斯特(Cirencester)。[30]

这些古老且明显相关的簧片锁在欧亚大陆相距遥远的两端被发现,是否意味着:簧片锁起源于古罗马并从那里传播到整个欧亚大陆?还是该发明来自中国,并沿着贸易路线流传到西方?或许还有更多解释?遗憾的是,目前还没有足以做出结论的证据。正如李约瑟所说,这段历史很不明确,一切都有待人们去发掘整理。

撬锁者从未放弃过与制锁者的较量,而

智巧的机关锁具在当时的技术条件下，为锁的保险问题提供了低廉可行的解决方案。最优质的欧洲簧片机关锁出产于17世纪的德国和法国。印度制作簧片机关锁可追溯到至少五百年前，于19世纪50年代达到顶峰。印度的簧片机关锁不仅复杂而且结实。[31]

在社会制度相对健全的中国，有产阶级的房屋总是有人在照看，所以中国的锁大多是"防君子不防小人"，更容易被捅开或强行打开。尽管中国机关锁的起源尚不清楚，但它们在清末及民国早期十分受欢迎。与其他益智游戏一样，中国传统机关锁经过一代代中国工匠们的传承改造和创新，在形状、装饰、机械结构和智巧上融合了中国自己独特的风格。

密码锁也有悠久的历史。美索不达米亚上游地区的伊斯兰机械工程师伊斯梅尔·艾尔-加扎里（Ismail al-Jazari，1136–1206）在他的智巧器物绘图手册里，记载了一个令人赞叹的、固定在箱盖上面的有四个密码的转盘。[32] 奥地利格拉茨（Graz）的谢尔收藏（Schell Collection）拥有一把约公元1200年制的伊朗青铜密码锁。一件极其精美的回历889年（公元1484年）伊朗黄铜制七轮密码锁正在达拉斯艺术博物馆展出。[33] 中国明清时期的密码锁与伊朗的密码锁非常近似。意大利工程师乔凡尼·丰塔纳（Giovanni Fontana，约1395–1454）在写作时间约为1420年的手稿中画了一把六盘密码挂锁。[34] 据传，最早的欧洲密码锁是16世纪40年代在德国纽伦堡制造的。[35] 意大利数学家吉罗拉莫·卡尔达诺（Girolamo Cardano，1501–1576）在1554年发表了载有欧洲最早的密码锁说明和图样的著作。[36]

对中国机关锁有兴趣的读者不妨去以下几个地方亲自了解和体验。台湾高雄的科学工艺博物馆不仅展出古锁，而且提供复制品互动，还有显示古锁内部构造和开启方式的动画。[37] 太原的山西省民俗博物馆也有中国传统锁具的展览。世界各地的一些小型锁具博物馆里也常常能看到中国锁，包括江西抚州的古锁文化体验馆、福建厦门的锦灰古代锁具博物馆、辽宁沈阳三农博览园的中国古典锁具馆、河北保定的锁上春秋、首尔的锁具博物馆、纽约市的约翰·M. 莫斯曼锁具博物馆（John M. Mossman Lock Museum）以及在前面提到的奥地利格拉茨的谢尔收藏。

虽然中国的古玩市场不乏古锁，但相比过去，做工、品相皆好的老锁已身价百倍，复制或仿制的新锁大多质量低劣。令人欣慰的是，现在世界上还有许多专业或业余的锁匠，他们会发明一些虽不实用但难度极高的机关锁，仅是因为享受设计和开启它们的乐趣。

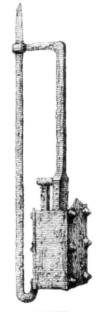

铁制簧片锁

公元100至400年
英国赛伦塞斯特
长35.6厘米
科里尼翁博物馆

注 释

1. Joseph Needham, *Science and Civilisation in China*, vol. 4, *Physics and Physical Technology*, pt. 2, *Mechanical Engineering* (Cambridge: Cambridge University Press, 1965), p. 241.

2. 由于没有已知的史料记载中国传统锁具作坊的起始年代、规模及经营变迁，为方便起见，本章将锁上锤印或刻写的款名认作某位锁匠的名号。但实际上也许款名是雇用了许多锁匠、跨越了几代人的作坊名号。

3. 《中国实业志：浙江省》，上海：实业部国际贸易局，1933年，第340–351页。

4. Liu, Ts'ui-jung（刘翠溶）, *Trade on the Han River and Its Impact on Economic Development, c. 1800–1911*, Monograph Series, no. 16 (Nankang, Taipei: Institute of Economics, Academia Sinica, 1980), pp. 97, 104.

5. 事实上陆路运输——无论是拉车运、牲畜驮运、独轮车推运还是人力挑运——比水路运输要贵出二十到四十倍。Ferdinand von Richthofen, *Baron Richthofen's Letters, 1870–1872* (Shanghai: North-China Herald, 1903), p. 31.

6. 湖北省天门市地方志编纂委员会编纂：《天门县志》，武汉：湖北人民出版社，1988年，第275页。

7. 难怪我们找到的三十四把质量上乘的岳口锁全部来自山西、陕西、江西及北京，没有一把来自湖北当地！

8. 据调查，这一信息来自口述，至今我们还没有找到确凿证据证明岳口熟铜锁获得过国家奖。

9. 西方制作的锁具早在20世纪20年代大量进入中国。美国商业部报道："汉口是美国制造的柜门锁和挂锁的很好的市场。相比他们自己生产的锁具，中国人更喜欢这些……要与中国内地和香港的产品竞争的话，我们的锁要更结实耐用，价格要低，直到我们占据了市场。" Consul General Heintzleman, "Hankow Market for Locks," *Commerce Reports* 25, no. 33 (August 14, 1922): 470.

10. 根据帅氏家谱，本章前面提到的周庆洪的曾祖父周复顺招牌锁匠来自干驿，与帅家和刘福太同时迁到岳口。

11. 汪永太是汉口锁匠汪紫岩创立的招牌。请勿将其与岳口的锁匠王永泰相混淆。

12. 帅玉田《帅氏家谱》（未刊稿，1994年）及笔者的采访，湖北天门，2011年4月28日、2015年10月21日。

13. 汪家生的协会会员证上显示的籍贯是天门。天门镇、岳口及干驿都属于天门县，因此汪家可能来自其中一地。

14. 汪家生：笔者的采访，汉口，2011年4月29日；帅九枝：笔者的采访，汉口，2015年10月22日。

15. Edward Bing-Shuey Lee, *Modern Canton* (Canton: Mercury Press, 1936), p. 16.

16. Wong Kin（黄金）, *International Chinese Business Directory of the World*（《万国寄信便览》）(San Francisco: International Chinese Business Directory, 1913), pp. 185, 251。祖籍广东台山的黄金是美国旧金山邮政局的一名职员。他发现许多中国寄来的信件上，总是因为收件人地址不详而被丢到"无法投递部"。他因此萌发了汇编一个邮政通讯录的想法，用来"造福所有中国及海外华人，同时也为进口商及与中国有业务往来人士提供便利"。黄金用了大量的时间和精力汇集整理地址数据库，可惜1906年旧金山大地震引发的大火将他的心血毁于一旦。黄金不得不再从零开始。他的目的是将世界上所有中国的商业地址纳入他汇编的通讯录。《万国寄信便览》终于在1913年出版，其收录的中国商业地址所在的世界城市之多令人惊叹。遗憾的是，黄金期待的每两年更新扩展这个通讯录的计划最终没能实现。

17. ［日］《明治前期産業発達史資料：勧業博覧会資料》卷208，東京：明治文献資料刊行会，昭和五十一年（1976），第60、77页。

18. Joseph Needham, *Science and Civilisation in China*, vol. 4, pt. 2, p. 237.

19. Augustus Henry Lane Fox Pitt-Rivers, *On the Development and Distribution of Primitive Locks and Keys* (London: Chatto and Windus, 1883), p. 20.

20. *Colonial and Indian Exhibition 1886: Official Catalogue* (London: William Clowes and Sons, 1886), 357; "Colonial and Indian Exhibition," *Journal of the Society of Arts* 34, no. 1760 (1886): 960.

21. Augustus Henry Lane Fox Pitt-Rivers, "General Fox-Pitt-Rivers: Catalogue of His Archaeological and Anthropological Collections," 1884–1891, MS Add.9455/2, 280, Cambridge University Library.

22. 安东尼·皮特-里弗斯（Anthony Pitt-Rivers），给作者的电子邮件，2016年8月15日。

23. Donald B. Wagner, *The Traditional Chinese Iron Industry and Its Modern Fate* (Copenhagen: Nordic Institute of Asian Studies, 1997), pp. 53–57.

24. 山西的年降雨量（35–70厘米）是湖北年降雨量（80–160厘米）的一半；仅有湖南年降雨量（125–175厘米）的三分之一。

25. 乔志强：《山西制铁史》，太原：山西人民出版社，1978年，第66页；太岳区所编：《晋城铜铁碎货业调查》，1948年10月。

26　Joseph Needham, *Science and Civilisation in China*, vol. 4, pt. 2, p. 243.

27　Kan Shi, Kuo-Hung Hsiao, Yang Zhao, and Wen-Yi Xiong, "Structural Analysis of Ancient Chinese Wooden Locks," *Mechanism and Machine Theory* 146 (April 2020). 常见的中国和罗马木锁使用被称为"tumblers"的小木销。锁门时木销由于自重落入门锁闩中的榫眼中，开启时用木质或金属钥匙上的相应凸起部分抬起木销，打开锁闩。

28　秦俑坑考古队：《临潼郑庄秦石料加工场遗址调查简报》，《考古与文物》1981年第1期，第39–43页。

29　郑州市博物馆：《郑州近年发现的窖藏铜、铁器》，《考古学集刊》1981年第1集，第177–211页。类似的锁具见赵康民：《西安洪庆堡出土汉愍儒乡遗物》，《考古与文物》1984年第6期，第25–30页。这两把锁都写入孙机：《汉代物质文化资料图说》，北京：文物出版社，1991年，第349页（文字），第347页（第87–21图）。另一把类似的锁具收录在周汉春、赵军、刘宗涛、王喜全：《中国古锁图谱》，沈阳：辽宁大学出版社，2014年，第3页。

30　T. Wright, "On Some Antiquities Recently Found at Cirencester, the Roman Cornium," *Journal of the British Archaeological Association* 19 (March 1863): 102–104. 两把类似的来自英国艾塞克斯大切斯特福德的罗马锁具插图参见 Richard Cornwallis Neville, "Description of a Remarkable Deposit of Roman Antiquities of Iron, Discovered at Great Chesterford, Essex, in 1854," *Archaeological Journal* 13 (March 1856): pp. 7–9, plate 2, figs. 24–27。

31　颜鸿森、李如菁、萧国鸿：《适得其锁：锁具特展专辑》，高雄：科学工艺博物馆，2012年，第6–25页。

　　Ibn al-Razzaz al-Jazari, *The Book of Knowledge of Ingenious Mechanical Devices* (Kitāb fī ma ʿrifat al-ḥiyal al-handasiyya), trans. Donald R. Hill (Dordrecht, Holland: D. Reidel, 1974年), pp. 199–201, 268–269. 类似的伊朗密码锁盒子分别收藏于波士顿美术博物馆（回历593年，公元1197年）和哥本哈根的大卫收藏（回历597年，公元1200/1201年）。

32　Géza Fehérvári, *Islamic Metalwork of the Eighth to the Fifteenth Century in the Keir Collection* (London: Faber and Faber, 1976), pp. 110, 118–119, pl. 50a.

33　Johannes [Giovanni da Fontana], *Bellicorum instrumentatum liber*, manuscript, ca. 1420–1430, p. 102, BSB cod. icon. 242, Bayerische Staatsbibliothek, Munich.

34　Jon Millington, *Early Combination Locks* (Bristol: Redcliffe, 2010), p. 18.

35　Girolamo Cardano, *De Subtilitate* (Lugduni [Leiden]: Apud Gulielmum Rouillium, 1554), chap 17, p. 648.

36　Peter Friedhelm von Knorre，与笔者的交流，2019年10月29日。

机关匣盒及家具

Puzzle Boxes

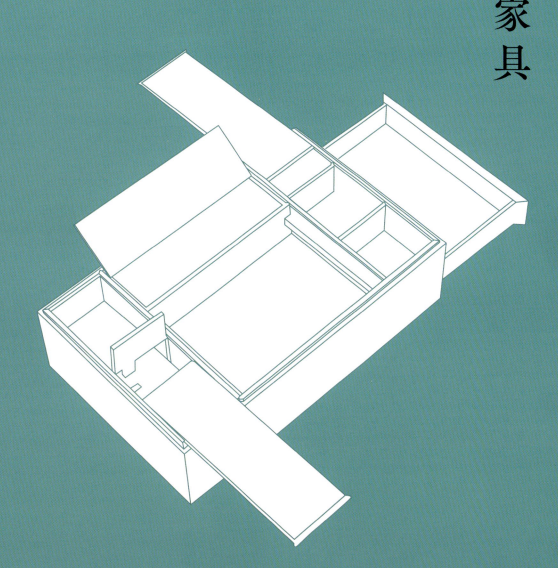

他又指着盒子里的东西和菊英说：
"你说这些东西能做什么？
烧火烧不着；
沤粪沤不烂；
就是收买古董的来了，
也难说收这些货！
……不如倒到地上和垃圾
一齐扫出去。"¹

　　——赵树理，1955 年

机关匣盒

2015年春天，山西晋城的一个清晨，天刚蒙蒙亮我和张卫就走出了酒店，去对面阳光古玩城的周末地摊集市寻宝。早起的鸟儿有食吃，很多卖家往往天不亮就已经做成好几笔生意了。一进到市场我们就看到大门口地上有个脏兮兮的盒子，鞋盒子那么大，与我们以往在晋城一带找到的机关盒子尺寸、形状差不多。摆弄了一下，盒盖动了动却打不开，确实是个机关盒子。

卖家名叫许和春，说他记得两年前我们曾在他那儿买过一个机关盒子。今天的这个脏是脏了点，但完好无损。盒子富有装饰性的滑盖正中间雕有一朵十六瓣的盘花。打开盒子需要四个步骤。虽然这个放宝贝的盒子里面空空如也，但盒盖背面"善获村""程德全"与"民国拾九年腊月"几个字样对于我们来说比珠宝还珍贵。许和春开价两百元人民币，最后我们一百五十块钱成交。他说这个盒子是三天前才从善获村淘来的。那么善获村在哪里？程德全又是什么人呢？

木制带有题字的机关盒子
民国十九年（1930）
山西晋城
长 27.8 厘米

第二天一大早冒着瓢泼大雨，我们来到了晋城东北30公里开外的善获村。古老的村子坐落在一个小山包上，向下望去山谷郁郁葱葱、一片春色。到了村子一打听，几乎所有的村民都姓程、但没人听说过程德全。村长是个年轻人，热情地带我们去见一位老先生。老先生一听我们要找程德全，二话不说把我们带到一处民宿。房主叫程丙戌，正是程德全的儿子。

"盒子上的程德全是我先父的名字。这个盒子在我家几十年了，没有人动它。我老婆四次要卖掉这个盒子都没人要。四天前，她总算把这个盒子处理掉了，还外搭了一个漂亮的月饼模子，一起卖了一百元。"头一天买到个八十四年前的盒子、第二天就找到盒子原来主人的后代，这对于我和张卫来说真是很有意义的一件事儿。

**程丙戌看他父亲
在盒子盖上的题字**
山西晋城
2015 年

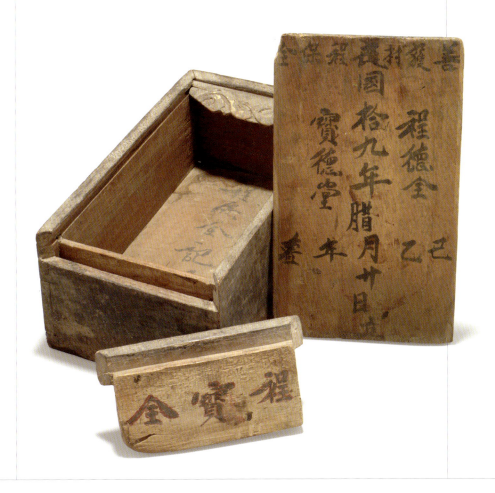

机关匣盒及家具 95

过去大部分家庭都会有一个尺把来长的匣盒存放私人用品,以免被孩子们和不相干的人翻动。那时候山西的新娘出嫁时都要有一个木盒做陪嫁,用来放置首饰、梳妆打扮用具或其他私人物品;其他人则用这类盒子存放如账本、地契之类的重要文件。锁住这类盒子的一个办法是用金属的锁闩和锁具。

然而在木盒上安金属件成本太高,因此山西的能工巧匠们想出了绝妙的办法,用木件机构本身"锁"住盒子。这样一来降低了成本,二来盒子的主人再也不必为了备锁或找不到钥匙而烦恼。盒子看起来与别的盒子毫无二致,但盒盖却怎么也挪不动,只有盒子的主人才知道怎样一步一步通过可以移动的机关将其打开。由于每个盒子都是特别定制的、机关各不相同、因此打得开一个盒子并不意味着就能打得开其他的盒子。虽然有心偷走盒内物品只需毁掉盒子,甚至将盒子一并偷走即可,但是一般情况下只有外人才会这么做,觊觎物品的家里人是不会破坏盒子的。这种机关匣盒作为"古董"在晋东南的古玩市场上还能见到,发现、探秘及收藏它们成为我们的一大乐趣。

木制带铜锁闩的盒
清末至民国
山西
长 27.3 厘米

我们的第一个山西机关盒

2000年,在北京西琉璃厂钱东升、魏媛夫妇俩的古玩店里,我们买到了一个山西机关盒子。他俩从华北和潘家园淘了不少盒子。这些盒子大部分结构简单,盒盖一拉就开,但只有一个盒子与众不同,盒盖的两端被两块雕有蝙蝠的横板盖住了,只是盒盖的中间部分有一个用来滑动盒盖的阴阳形凸钮暴露在两块横板之间。

两块雕有蝙蝠的横板中的一块是固定的,另外一块则可稍稍松动,却怎么也挪不开。捏住阴阳圆钮,盒盖能挪动半厘米左右,但还是取不出来那块松动的横板。徒劳地试了几次后,我无奈地摇了摇盒子,却突然听到盒子里面咯嗒作响,肯定是有机关的缘故。这一下点燃了我们的兴致。最终我们发现如果将盒子倒下来侧面横放,盒盖就可以滑动到固定横板的顶端,这样就能将另外一头松动的那个横板取出。盒盖滑开,盒子就这样被打开了。

打开盒子后,我们可以看到那块固定横侧板的下方有一块立板,立板后面中间偏上的位置还钉了块可以左右晃动的木块(见本书第98-99页)。木块上窄下宽、上轻下重,加之钉孔中心偏上,便成了个重力锤。无论盒子怎样放置,它总是保持上下垂直。当盒子正常平置时,重力锤的上部恰好将盒盖的一端挡住,阻止盒盖滑入固定侧板的顶端。但是如果将盒子侧面横放,保持垂直,重力锤就不再挡住盒盖的那一端了。我们收藏的山西机关盒子里有许多都采用重力锤结构,因此我们称这类盒子为"重力"机关盒。

这个黑漆的盒子过去一定被经常使用,盒子的两个外角都后补钉了金属片加固。但最值得一提的是盒底原主人的毛笔题字。由上到下、从右至左三竖行分别为:"冯村北院,光绪三十一年端月置泰和堂、孙海林记。"[2] 主人似乎担心盒子的盖子会失散,又在盒盖的底部写有"孙海林置"。因此这个盒子置办的时间应是1905年,即清朝灭亡之前六年。

木制刻有蝙蝠和阴阳纹的重力机关盒
清光绪三十一年(1905)
山西高平冯村
长 28.2 厘米

盒底题字显示了盒子的主人姓名、住处和年份:"冯村北院,光绪三十一年端月置泰和堂,孙海林记"

机关匣盒及家具 97

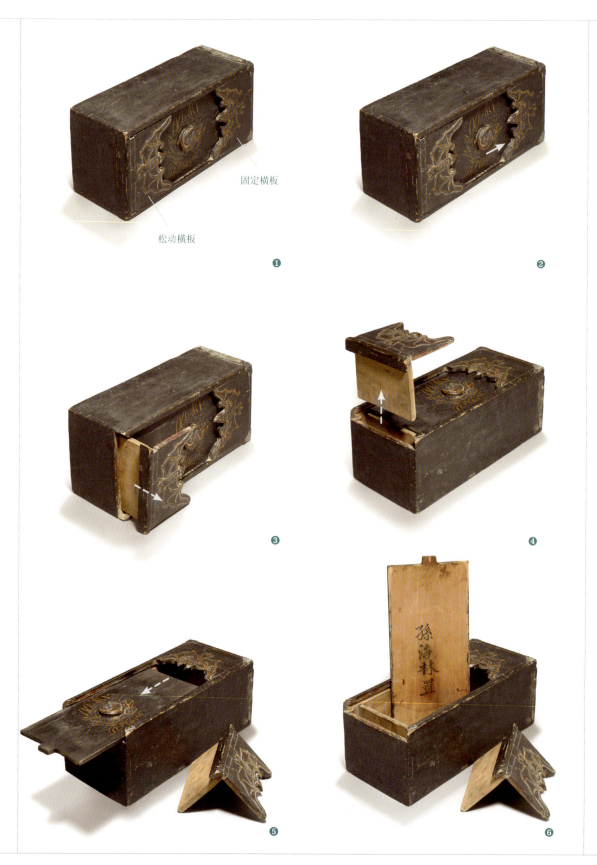

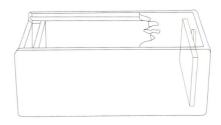

重力锤随着盒子的
倾斜而转动

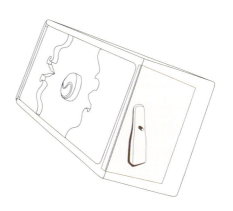

机关匣盒及家具　99

寻找冯村北院

冯村北院在哪里？孙海林是什么人？买到盒子十三年后，2013年春天，我们买了本详细的山西地图，带着孙海林的盒子踏上了寻找冯村北院的旅程。地图上一共标有十三个冯村散落在山西各地，我们只能一个一个去探访核实。

我们先从河南三门峡渡过黄河，进入晋西南运城北面的冯村考察。但这个冯村没有什么北院，村里唯一的孙姓家族也没有"海"字辈的人。另一个冯村在运城的西面，同样也没有北院，唯一的孙姓人家是20世纪40年代从河南逃荒过来的。老村长看到我们向村里的男女老少打听上个世纪的人和事儿，想着近代以来饱经磨难的中国，叹了句："嗨！能记事的人都不知道过去的事，知道过去的事的人都已经不记事了。"这句话至今还深深地印在我的脑海里。

被煤矿污染了的空气让人窒息，我们暂且跳过闻喜东部的冯村，经侯马乘大巴穿越中条山到晋东南，去那里的几个冯村看看。有个冯村在长治的南边，我们到那儿时发现这个破落的村子里的村民不是姓王就是姓李，没人听说过什么北院。连日的舟车劳顿让我们不禁有些气馁，还好那个周末我们在晋城的古玩集市上买到一个机关盒，摊主说盒子来自高平附近，差不多在晋城和长治中间。我们拿起地图一看，正好高平15公里开外有个冯村。突然，我们心中充满了期待，感觉有股强大的磁力牵引我们过去。坐上前往冯村的公交后，这些日子的疲惫烟消云散，连窗外的风景都顿时漂亮了许多。一下车，我们就向坐在村口公交车站旁闲聊的老大爷们打听北院。话音刚落，六七只手齐刷刷地指着一个方向。几分钟后我们被带到了北院。终于，我们找到了！

北院是一个方形的院落中的两层传统民居建筑。穿过门廊就可以看到前方带阳台的正房。正房的屋顶被换过，两侧是后建的侧房。正房原有的清代的柱子、横梁以及墙上的雕刻和格子窗等还大都保存完好，无奈地叙述着这个疲惫的老房子旧时的威严。正房由一对老夫妇租住着，他们很客气，不介意我们到屋里看看。屋内方桌一张，椅子两把，几净窗明。墙壁用老挂历和报纸贴面，正中间贴了张巨大的毛主席像。一串纸金元宝挂在一侧，三天后正是清明节。炉子里生着火，灶面上摆着大大小小的锅瓢。

我们来北院考察的消息很快在村子里传开。不一会儿房主韩先生闻讯赶到，后脚紧跟着一位牛先生。原来1943年

机关匣盒的寻根之旅
2013年

山西高平冯村北院
2013 年

抗战时期，牛先生曾祖父的生意难以为继，便把北院卖给了韩先生的父亲。但牛先生的曾祖父又是从何人那里购得北院的呢？牛先生笑着说："我连我的祖父都没有见过，他父亲的事我就更不知道了。那时候的家谱、地契和房据早就没了。"

在 20 世纪中期，冯村经历了三次浩劫，许多契据和文件不是被销毁就是被遗失了。一位高平政府官员告诉我们，1938 至 1939 年日军的轰炸几乎将高平夷为平地。高平地区从 1940 年开始被日军占据，直到 1945 年 6 月 22 日才被共产党军队解放。接下来是土地改革、分田分地，地主们都被镇压，没人胆敢保留地契之类的文件。最后一次是"文化大革命"，被认为是封建四旧（旧思想、旧文化、旧风俗、旧习惯）的东西大都被付之一炬。多年的动荡，加之多次的饥荒，孙海林的后人会有怎样的遭遇？他们又会流落到哪里去呢？现居住在高平冯村的孙姓家庭是后来从河南过来的，与北院并没有关系。战乱与动荡将原北院孙家与牛家之间的关系完全切断了，我们的调查也只好到此为止。

其他山西重力机关盒

张卫很喜欢小巧精致的物件,所以在北京荣兴古玩市场看到这个虎头小鞋重力机关盒时,她简直爱不释手。盒子仅 14 厘米长,是我们所有机关盒子中最袖珍的一个。拿它来放什么呢?中国民间自古有"鞋能辟邪"一说,因此经常能看到小绣花鞋模样的挂件。同时"鞋"又与"白头偕老"中的"偕"字同音,因此有些地区会将鞋状的物品作为嫁妆的一部分以表达对婚姻美满的祝愿。

木制虎头鞋重力机关盒
清
山西
长 14 厘米

我们的另一只雕刻精美的山西重力机关拉盖盒与冯村机关盒一样,可以滑出的盖子能挪动但不能拉出——从盒子的表面似乎能看出过去有被人强行拉扯的痕迹。殊不知盒子向一侧倾斜,盒盖就会很容易拉出。取下盖子后可以看到一个瓶状重力锤,重力锤被钉住的位置决定了盒子倾斜时,重力锤会在钉子上旋转。当盒子放平时,重力锤的顶部卡在盒盖背面的凹槽中,将盒子锁住。若是盒子倾斜,重力锤的顶部就会从盒盖的凹槽中旋转出来。盖子没有了阻碍,自然可以拉开,真是一个既简单又巧妙的结构!

木制重力机关拉盖盒
清末至民国初
山西
长 29.9 厘米

重力锤随着盒子的倾斜而转动

机关匣盒及家具 103

山西顺序步骤机关盒

发现这个红色的机关盒的时候,它脏得张卫都不愿意让我碰它。我不管三七二十一,把它打开后将里面乱七八糟的杂物全都倒在了柜台上。店主看我这般熟练不免有点吃惊。而当他告诉我老家是湖北岳口时,我也不免惊讶。毕竟我们为了调查机关锁可没少去岳口!这样我们做成了生意还交了朋友。

这个来自高平的盒子因为没有重力锤,开启时完全可以平放。打开盒子完全靠一连串的滑动、翻起和上下拉动。盒子一头的侧板取不出来,但是可以上拉1厘米左右。接下来将盒盖滑向侧板拉起后暴露出的横槽里。这时由于盒盖上的板块不再压着盒面另一头的翼板,翼板便可以向上翻起来了。将盒盖滑入翻起的翼板下方后,活动侧板就可以完全向上拉出来。拉出侧板后,盒盖也就可以随之滑出。

红色木制机关盒子
清末至民国
山西高平
长 28 厘米

❶

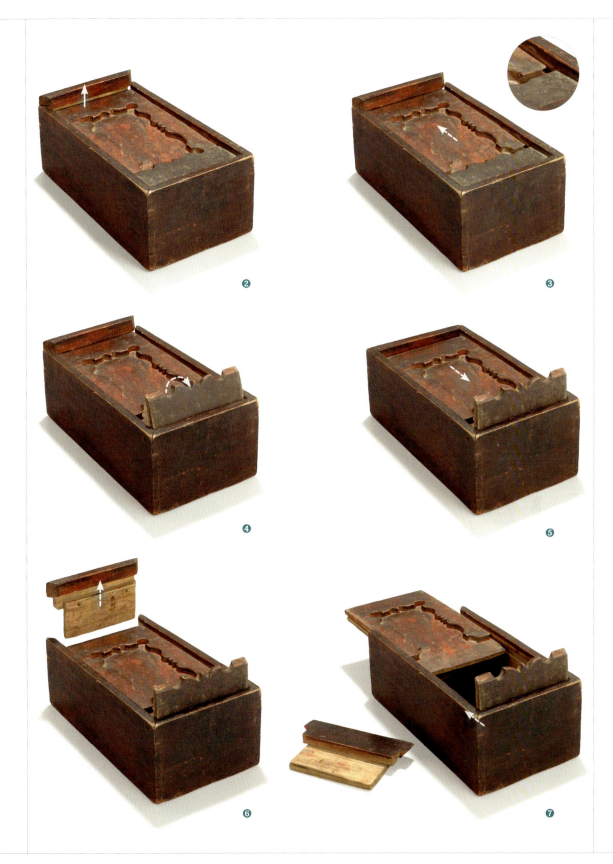

另一个山西硬木机关盒看似无法打开。盒子拉盖的四周由卷纹框架形成一个凹部，中心是一个刻花的钮柄、卷纹框凹口处是一个圆钮。盒子的拉盖和前挡板彼此相互阻挡，无法打开。只有后翼板可以向上翻转，但是仍然不能将盖子向后滑动到足以让前挡板取出。怎么办呢？我们最终发现框架左侧的卷纹雕刻凹口圆钮实际上是一个可移动的销子。将销子稍微拉离框架就可以松开卡住的拉盖，再将其向后滑动到足够的空间，从而可以将前挡板取出。然后拉出盒盖，隐藏在盒子内的几个隔间就暴露出来了。

硬木带内格机关盒
清末至民国初
山西
长 23.5 厘米

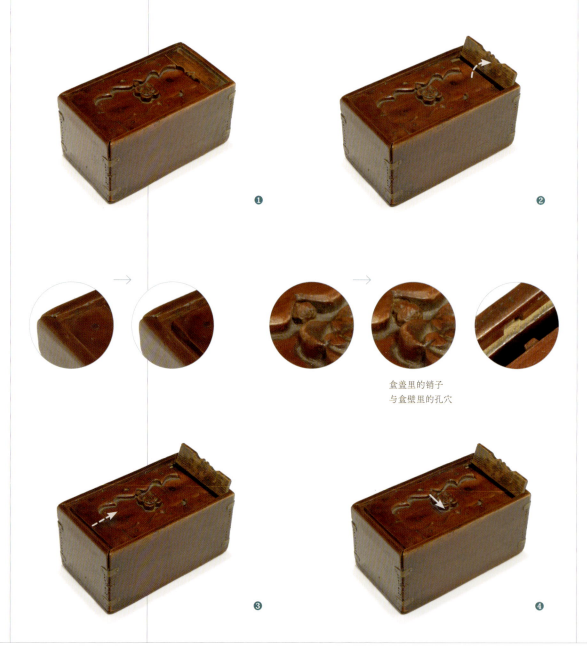

盒盖里的销子
与盒壁里的孔穴

机关匣盒及家具 107

山西人现在还在用这些山西盒子吗？我们把问题与盒子一起带到了山西晋城高平一带。村子里年轻人所剩无几，只有年长的村民在老房子里与相熟的街坊邻居下棋聊天。看到我们几个抱着盒子探头探脑的，大家突然鸦雀无声，一问缘由，全都不约而同地说这是"梳匣子"，是过去结婚时，娘家为新娘准备用来装梳镜、脂粉和一些首饰的。但他们用过、见过的梳匣子都是简单的拉盖盒子。走街串巷，不管在哪儿请大伙儿给我们演示怎么打开盒子，总能马上引起众人围观。大家跃跃欲试、七嘴八舌，好不开心。

山西人与山西盒子

机关匣盒及家具

因无据可查，我们不确定高平地区是从什么时候开始制作机关盒子的。目前我们找到最早的机关盒子来自高平牛庄乡，盒子上面题有道光二十七年，也就是1847年。在我们拥有和所知的机关盒子中，有题字时间依据的机关盒子仅有三个。它们对应的公元纪年分别是1847年、1905年和1930年。很遗憾，历史上没有任何有关山西机关盒子的研究和记录。

两个核桃木顺序步骤盒

1998年我们从费城南的班布里吉（Bainbridge）街廖晓梅拥挤的古玩店里找到了一件十分有特色的核桃木盒子，并从此对机关匣盒产生了兴趣。那是一个正方形浅盒，很可能是放置首饰和小件杂物的。盒子有五个拉盖空间：一个小正方形及周边的四个长方形。一个拉盖完全拉出来后，腾出的空间可以使与它相邻的另一个拉盖打开一半，接下来第三个拉盖也可以拉开一半，直到最里面的第四个拉盖也可以拉开一半。因此要取到第四个长方形隔间里的东西就得把所有的拉盖依次拉开。盒子中心的方形隔间在第一个拉盖拉开一半时就可以完全打开。

核桃木顺序拉盖盒

19 世纪
中国北方
边长 27.5 厘米

十一年以后我们再见到廖晓梅时,她已经从班布里吉街那个拥挤的小店铺搬到了费城"中国城"边的一座老厂房改建的新楼,宽敞的新展厅占据了整个一楼,古玩琳琅满目。这次廖晓梅又给了我们一个惊喜——另一个独特的机关盒子。像上次一样,这个盒子也是核桃木的,但做工讲究,边角还用铜皮加固保护。盒面由两个方形板面组成,各自的中间都凹刻成八瓣花,花

核桃木双花钮机关盒
19 世纪
中国北方
长 30 厘米

的中央又有一个圆钮。一个钮是固定的，另一个可以转动。打开盒面的这两块盖板颇费了我们一番心思。仔细观察后，我们发现那个可以转动的圆钮转到某一个方向时它的板面就会松动，可以向上翻开，接下来再通过几个步骤才可以将盒子打开。

因难见巧的暗屉箱匣

当上海匣盒收藏家方炳海搬了新家需要精减收藏时，我们的机会来了。2005年秋他很开心地将两个很特殊的机关盒子转让给我们，其中一个很小，还不到一尺长，表面是红漆泥金。盒子保存得十分完好，里面还有一个秘密抽屉。张卫认为这样漂亮的小匣盒过去一定是女人用的首饰盒。浙江东部一带过去有"十里红妆"嫁女的传统，这个盒子很可能是其中众多器物中的一件。

这个盒子的拉盖中心是一个雕刻成花状的描金凸钮，拉盖上方的两侧是雕成如意的描金横侧板，其中心还嵌有铜钮。一块侧板与盒体固定在一起，另一块则可以活动。活动侧板上的铜钮纯属装饰，而那个与盒体固定在一起的横侧板上的铜钮却是一个铜销，可以向上拔出。铜销拔出后，盒子的拉盖可以向固定侧板方向推进约3毫米，释放出的空间可以使活动侧板被取出。盒盖向外拉出以后，盒子的上层就打开了。细心的人还能看到盒子底面有两个横栓销。将它们一一向里推进后，立侧板就可以向上取出，盒子里隐藏的小抽屉就可以拉出来了。

木制带铜销机关小盒
清末至民国
长 20.5 厘米

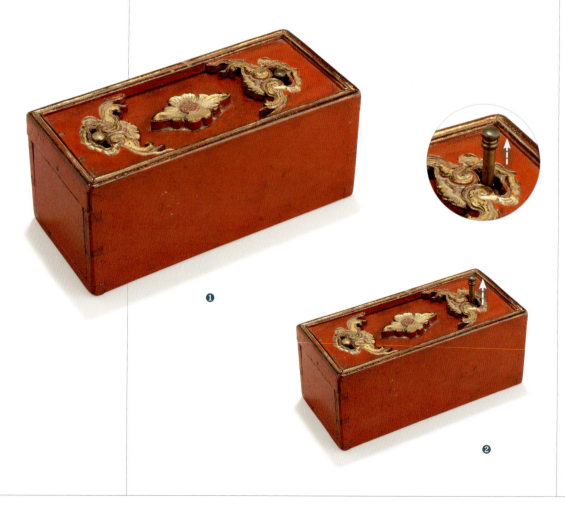

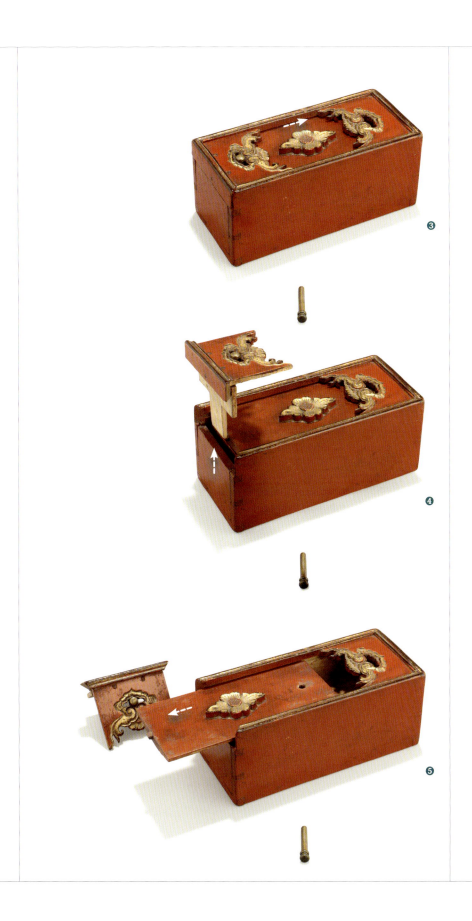

机关匣盒及家具 115

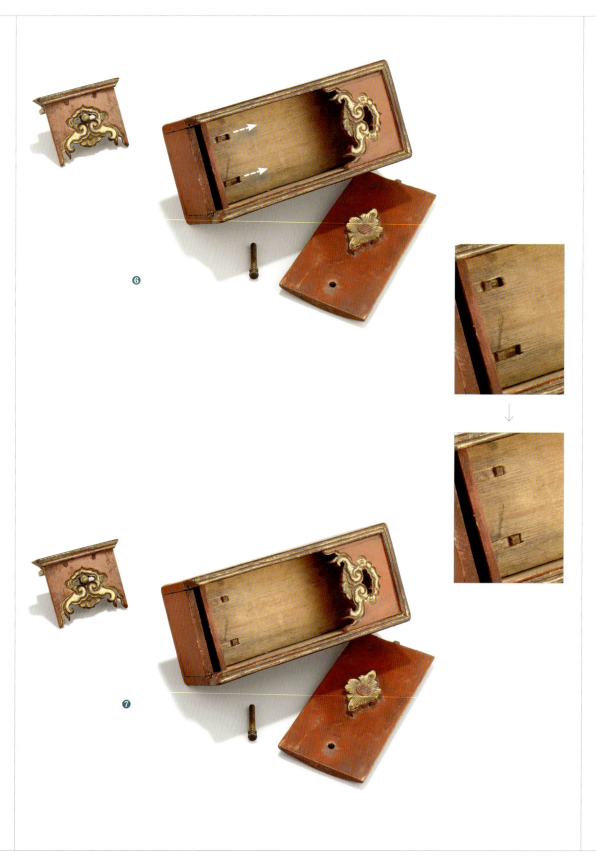

❽

❾

机关匣盒及家具

机关匣盒同样受到皇家的青睐。我们2001年去台北的时候，有幸在台北故宫博物院举办的乾隆多宝匣格展上看到过一个放置了三十件宝物的紫檀多宝格方匣。方匣的每个角落都密藏着一个扇形袖珍多宝格，方匣底座是一个隐蔽拉盖盒。把方匣从底座取下后，就可以拉开暗盒盖，看到更多的珍宝。

虽然我们没有买到过乾隆皇帝那般豪华的暗匣，但我们的朋友柯惕思（Curtis Evarts）帮我们找到的一件红木暗屉箱也实在是件不可多得的珍品。柯惕思是美籍中国古典家具专家，长驻上海，总能发现一些上乘典雅的家具物件。这个小箱子的两侧是一对雕成蝙蝠状的黄杨木拉手，在色调上与小箱子的暗色互补。翻盖面板的四周雕刻着简约而精致的凸纹，铜质的箱襻保存完好。打开翻盖后，向上抬起右侧的蝙蝠拉手，小箱子的右侧板就可以随之拉起，暴露出里面的暗屉。整个小箱子的制作是如此的精细，几乎没人看得出右面的侧板是可以活动的。

红木带黄杨木手柄暗屉箱
清末
江浙一带
长 30.9 厘米

❶

机关匣盒及家具 119

我们2002年在平遥南大街的一家小店还买到过一个制作精良的盒子。店主说这是一个外科医生的器械盒，我们则认为它曾是某个文人的盒子。盒内有三个有盖的隔间和一个原有托盘分层的隔间。前侧隔间的底板上有一个

金丝楠木暗屉盒子
清末
山西
长35厘米

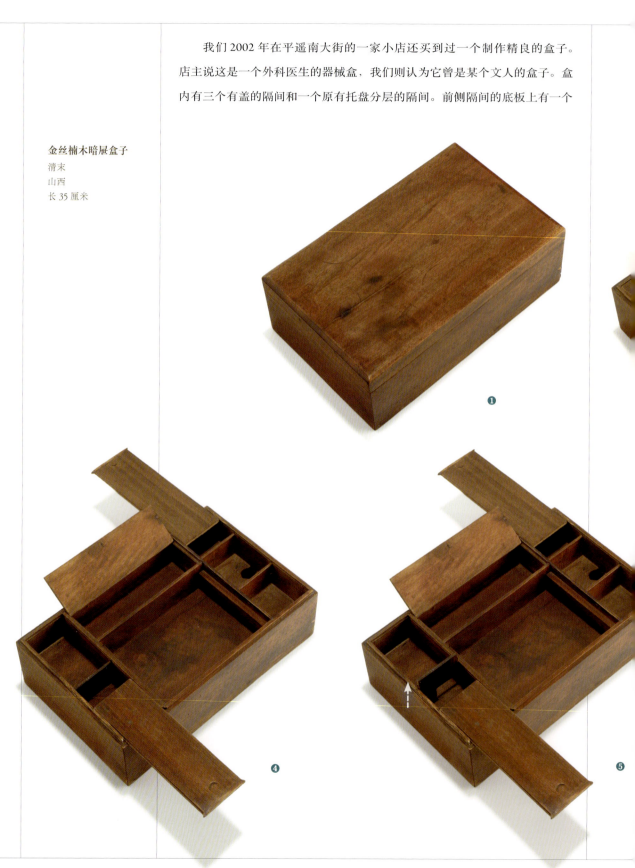

小孔洞、后侧隔间中有一个活动隔板。活动隔板的下方有一个闩子，延伸穿过底板上的隐蔽槽，并将盒子下方的抽屉锁定。取下活动隔板后，可以用手指插入前侧隔间的小孔推开抽屉。

❷

❸

❻

巧夺天工的机关家具

楠木便携式画案
金北楼制
民国初
北京
高 84 厘米
王世襄收藏

与机关匣盒一样，中国传统家具中的机关也很有智趣。2005 年，我们去日坛公园附近的寓所拜访了中国家具及收藏界的传奇人物王世襄先生（1914–2009）。他给我们展示了一套俪松居藏楠木组合画案。楠木较轻、防腐，而且不会因气温和湿度的变化而变形，是制作上乘家具的优选木材。

这套组合画案由王世襄的舅舅、著名画家金北楼（1878–1926）亲自设计、绘图并监制。当时王世襄还是个孩子，经常跷足立案旁，看舅父挥毫。"文革"中这套画案被抄，归还时北楼位于钱粮胡同的故居已被挤占，画案无处容身，只好将其转卖到北新桥旧家具店。王世襄知道后，不忍见其流落，赶紧把它买了回来，硬是把它塞进了他自己同样拥挤不堪的家中。[3]

这件画案由十四个构件组成六个组件结构：一对案面、一对小箱及一对大箱，小箱和案面又可以放入那一对大箱中。这种类型的"便携桌"运输时很方便，只需一个挑夫、一根扁担，扁担一头一个大箱就可以了。如何组合这个画案对于我们来说简直就是个放大版的"打包游戏"。

不久后，我们去北京家具商葛葆华的库房浏览。我们与葛葆华在美国和欧洲都曾不期而遇，也曾在他的店里买到过一些高品位的古物。挑选完几件老家具后，张卫在他的仓库里看到一张奇特的楠木书桌便突然挪不开步了。

这张书桌的两侧是两个书箱状的锁柜，上面支撑着两件带抽屉的架几，桌子的正中是两件一前一后的抽屉架框。乍看上去书桌下面太沉，好像上下比例不太均衡。葛葆华说书桌是他的一个英国朋友的，请他把两个大箱的底板修一下,但桌子还是要卖的。在张卫的请求下,葛葆华的一个师傅手持钥匙匆匆赶了过来,打开大箱子上面的锁,将箱子的面板取了下来。张卫又请师傅把桌子拆开,他又很快地将这件组合书桌拆成了六大件结构。

"试试看能不能将小柜架放进那两个大箱里。"张卫接着说。让在场的人惊讶的是那两个小柜架不大不小,放进两个大箱里后,上面只剩10厘米左右的空间。大家都屏住了气,仿佛有奇迹即将发生。张卫又说:"把这个抽屉架放到大箱的空间里吧!"当抽屉架恰如其分地滑入大箱里时,大家如释重负般地笑了起来。有人脱口说道:"哦,剩下的抽屉架要放到另一个大箱里!"当这最后一步完成时,张卫将两个面板嵌入大箱内,锁好了箱子,然后将钥匙放到口袋里拍了拍,宣布:"书桌是我们的了。"

葛葆华一脸惊奇。两天后他打电话告诉我们他的英国朋友同意将桌子转让。第二天书桌就送到了我们家。张卫后来说如果当初没在王世襄家看到金北楼的便携画案,她不会有灵感知道这是套便携书桌。

直到开始组装这个有二十一个构件的书桌时,我们才发现桌面后方的两个抽屉实际上是暗屉。只有当前面的抽屉完全拉出以后,一只纤细的手臂才能伸进里面、把藏在后面的抽屉拉出来。

带暗屉的楠木便携式书桌
1870 至 1920 年
中国北方
高 86.5 厘米

❶

机关匣盒及家具　123

❷

❸

❹

❺

机关盒子的复兴

日本的机关盒子因其传统工艺和巧妙的结构驰名于世，被称为秘密箱。它们发源于东京西部温泉区的箱根山区。从19世纪初至今，由天然木色拼成几何图案面、采用寄木细工传统工艺制作的长方形机关木箱一直是当地的著名产品。从表面上看，这些机关箱并没有什么活动构件，但细心的人总会发现一些板面是可以滑动的。要开启这些机关箱一定要按顺序上下左右滑动表面的板块，其步骤从简单的四步到复杂的一百多步都有。

相比之下，中国的传统机关匣盒不论在国内还是国外几乎无人知晓。它们不像日本秘密箱那样，既被当作一种艺术品，又是一张备受推崇的文化名片，被来自四面八方的游客介绍到世界各地去。多年来，中国的传统机关匣盒一直都在偏远地区被当作普通得不能再普通的生活用品默默地使用着。直到近十年来古董市场兴起，它们才悄悄进入人们的视野。我们所见到的中国的机关匣盒在外形和尺寸上不尽相同。有些材质上乘用自然漆色，另一些雕花刻纹涂漆描金。与它们不同的外形一样，这些盒子的机关结构也各有千秋。

刘传生
北京
2017年

十多年前我们入住北京新家，需要买一些与我们的收藏相配的古家具。老友柯惕思推荐了北京万乾堂家具馆馆主刘传生。他帮我们找到了一个榆木罗汉床和一件榆木中式衣架，并用精湛的手艺将这两件损毁严重的家具修旧如旧，恢复了家具往日的荣光。从此我们总会拜托刘传生修复古木器。

我们发现许多雕刻精美的机关盒子都存在不同程度的损坏，大多是因为人们无法找出机关，失去耐心而强行将盒子掰开。刘传生在多次帮助我们修复盒子的过程中明白了盒子的机关原理，由此也对盒子的机关产生了兴趣。他对盒子的木材材质、做工和漆面有自己的想法，问是否可以借鉴我们盒子的机关结构进行再创作。这些过去无名工匠们的智慧，谁都可以借鉴，我们不仅赞成，而且鼓励他这么做。

当我们再访刘传生时，他已经做好一个老金丝楠木机关盒了。盒盖刻成仿竹编，盒子四周横向刻满了交错的竹节。在珍贵稀有的木头上仿竹节雕刻是中国世代流传的工艺，刘传生巧妙地运用传统技法使竹节让盒子的开启部位更隐蔽。刘传生设计的其他盒子虽然机关原理相同，但外观大相径庭，个个图案

金丝楠木机关盒
刘传生制
2015年
北京
长 29.6 厘米

别致、美不胜收。

　　精湛的传统工艺在中国现代大都市周边的工坊里还在继续生存着，刘传生的工坊代表着现代中国之工匠精神。现代技术也在推动着古老传统设计的不断创新。

　　在我们收藏的所有中国日常智巧物品中，山西木制机关匣盒让我最有满足感。我们乐于在弄清楚盒子的机关后，将一份小礼物放到盒子里，让亲戚朋友们拿着翻来覆去地"纠缠"，却取不出唾手可得的东西。机关匣盒在外表上看与普通盒子没有什么区别，但是要了解和欣赏它们，一颗好奇心和亲手把玩的机会需要兼而有之。中国的米米智玩公司就借鉴了艺智堂收藏的机关匣盒，制作了一系列物美价廉的小型机关盒子。

　　我们还与台湾高雄的科学工艺博物馆的萧国鸿博士合作，制作了一系列动画视频，演示部分机关匣盒的内部结构和开启步骤。这些动画视频与米米智玩的机关盒子会在我们将来的中国传统益智游戏的展览中起到重要的互动作用。来访者不仅可以欣赏展柜里的古旧机关匣盒，还可以在互动区亲手体验机关盒的复制品，并通过动画视频了解这些机关匣盒的秘密和妙趣。希望所有这些努力能使这一濒于消失的智慧与技艺再度复兴。

注　释

1　赵树理：《三里湾》，北京：人民文学出版社，1958年，第32–33页。赵树理（1906–1970），现代小说家，他在作品中以他生长的晋东南农村为背景，栩栩如生地描写了充满乡土气息的各种人物及社会变迁。

2　泰和堂很可能是孙海林用来称呼北院大厅的堂号，抑或孙海林的商号。

3　王世襄：《自珍集：俪松居长物志》，北京：生活·读书·新知三联书店，2003年，第204–207页。

倒流壺

Bottom-Filling Pots

万里云程丹凤翼,
百季春酒紫霞觞。[1]

——［清］大山

倒流壶

2020 年 1 月，我们购得一只极为罕见的瓷壶。这只制作于明末的德化瓷倒流壶来自一个法国私人收藏。模制鹅蛋形的壶体上端呈莲花假盖，肩部环绕叶纹，下部装饰叶瓣，带状手柄对应短小的壶流。整个壶体覆盖奶白釉，既简约又优美，似乎没有同样或类似的存世。

酒壶上方一般都有个带盖的壶口，用来注入酒水。但这个瓷壶看似有盖，其实盖子只是装饰，无法打开，所以没有壶口。这里面有什么蹊跷呢？

原来这个壶只有在"底朝天"的状态下酒水才倒得进去，这种壶口在底部的壶因此得名倒流壶（亦名倒装壶）。令人称奇的是将壶翻转后酒水非但不会从底下的洞口流出，而且可以正常地由壶嘴倒出去。倒流壶在古代是文人雅士喝酒时把玩的器物，如今成了益智游戏研究的对象。

德化瓷倒流壶
约明 1640 年
福建德化
高 11.8 厘米

中国是世界上最早酿造发酵饮料的国家。考古学家在河南省贾湖的一个新石器时代文化遗址发掘出了距今约9000至8600年的陶片，上面附着了用米、蜂蜜和水果酿成的酒。从陶残片可以看出酒壶有着高高的颈、带把手、盛酒、倒酒都通过顶端喇叭状的壶口。[2]

有迹可循的中国最早的倒流壶则出现在唐、辽及宋代，外表上绝大多数还是模仿了普通带盖壶的样子。郑州博物馆里的一只风格粗犷、奶白色釉的倒流执壶就是个很好的例子。[3] 假壶盖从壶顶流畅地演变成了壶颈、继而又成了滚圆的壶腹。短小的壶流从壶肩的一旁伸出、对称的另一边是壶把。延伸开来的矮小的平底座中间有个漏斗状壶口。

河南省文物考古研究所所长孙新民告诉我们这个倒流壶是工人们1963年在郑州金水大道施工工地的唐宋墓葬群里挖出来的。[4] 他说从壶的形状来看确实是唐朝的式样。

瓷制白釉倒流执壶
唐
中国北方
高16厘米
郑州博物馆

千禧年以后那阵子，我们最喜欢的古董店之一莫过于香港荷李活道上的陈裕记了。当时健在的店主陈建忠不仅知识渊博，而且在他的店里总能看到上乘的宝贝或碰到有趣的人。2003年陈建忠拿了本中国早期黑釉瓷的书给我们看，书中一个精美的北宋倒流壶立刻吸引了我们。[5] 他笑了笑，说若是我们有兴趣就下午4时再来一趟。

下午我们迫不及待地如约赶到，店前严禁停车警示牌前停着一辆长长的黑色礼宾车，边上还站着个毕恭毕敬的司机。走进店里陈建忠立即把身边一位名叫杨永德的知名企业家介绍给我们，他也正是书中那个倒流壶的藏家。杨永德虽已八十多岁高龄，但每天还是事必躬亲地去公司打理生意。每天下午4点他的司机都会准时送他过来与陈建忠喝咖啡、聊古董。

杨永德已经把他收藏的古瓷枕捐献给了广州的西汉南越王博物馆。如今他正准备处置他的黑釉瓷，而且大部分已经捐献给了一个香港博物馆，不过那个倒流壶还留着。我们解释了一番热衷收藏益智容器的缘由，自然也请求一睹他的倒流壶的真容。杨永德爽快地答应了。第二天是情人节，杨永德带着他的倒流壶如约来到了陈建忠的店里。杨永德慷慨地对我们说，他愿意将此壶让给有缘人，并送给我们一本他的黑釉瓷藏品书籍。

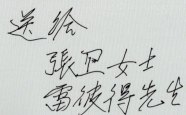

在陈裕记古董店
香港
2003年

陶胎黑釉倒流壶
北宋
中国北方
高 13.5 厘米

　　此壶呈卵形、向上渐收至顶部成尖形假壶盖。壶身两旁是对称的短壶流和双绞弧形把手。壶身釉面呈浓郁的黑色和棕色，短窄的壶座及其周围则露出烧过了的素坯。当壶倒置时，壶底的凹洼处能让暂时溢出的酒水回流到指尖大小的壶口里。经有关专家讨论，此壶属华北地区风格，但具体窑址不详。

　　中国的倒流壶仿真壶的设计在明末由更亲切的寿桃形象取代。桃壶不似垂挂在枝头时的样子，而总是桃尖儿朝上，壶口则在底座中间。陶工们通常夸张地把桃壶做得更丰满，让腹缝看起来更明显。

　　桃子成为长寿的象征与中国道教传说中昆仑山上的西王母有关。中国四大名著之一的《西游记》曾经写道，齐天大圣孙悟空奉玉皇大帝之命看管蟠桃园，土地神迎接他时说，西王母的蟠桃园内有三千六百株仙桃，三千年一熟的桃子吃了成仙，六千年一熟的桃子吃了长生不老，九千年一熟的桃子吃了能与天地齐寿。

倒流壶　135

大约在1643至1646年，一艘东方商船在南中国海沉没。商船的目的地可能是荷属东印度的巴达维亚（Batavia，今雅加达）或万丹（Bantam）。大约三百五十年后的1983年，英国的海上寻宝猎人迈克尔·哈彻船长（Captain Michael Hatcher）从珊瑚礁上的船骸中成功打捞出了约25000件完好无损的中国瓷器，大部分来自瓷都江西景德镇。这些瓷器因此得名"哈彻货物"（Hatcher Cargo）。[6] 虽然没有任何商船的信息或沉船日期的记载，有些证据，包括同船的另外两件瓷器上标记的日期，显示这些船中的货物可能是在1640至1645年制造的。这些明末清初烧制的瓷器也被称为"过渡瓷"。哈彻货物中的22178件通过阿姆斯特丹的佳士得拍卖行在1983至1985年分四次拍卖，其中包括十件青花寿桃倒流壶。[7]

三十年后的2015年11月，一个朋友给我们发了一张即将在伦敦邦瀚斯拍卖行拍卖的青花倒流壶照片（图左），我们一眼就认出那是哈彻货物中的十个倒流壶之一。于是，我们请伦敦德高望重的明清瓷器古董商理查德与斯图尔特·马钱特（Richard and Stuart Marchant）为我们竞拍。我们成功地以

"哈彻货物"中的瓷制桃状青花倒流壶
约1640至1645年
江西景德镇
高15厘米

低价拍下。倒流壶甚至还附带有1984年佳士得拍卖的原始发票。浑圆的桃形壶身被底座托着，壶面绘有昆虫萦绕的硕果，扭成"S"状的壶流模仿了长满桃叶的树枝。注酒时，内凹的壶底像漏斗一样，有助于酒水慢慢流入细小的壶口而不至于外溢。[8]

青花瓷是用含氧化钴的钴矿为原料，在白色陶瓷坯体上描绘纹饰，再涂上一层无色透明釉，经高温还原焰一次烧成。钴料烧成后呈漂亮的蓝色，也就是"釉下蓝"，青花瓷因此得名，并成为中国陶瓷烧制工艺中的珍品。能看得出来在暗无天日的海底沉睡了三百五十年后，壶的釉面被泡得不那么有光泽了，但是品相还是相当好。

很巧的是，拿下这个倒流壶两年之后，哈彻倒流壶中的另一个（图右），将在巴黎佳士得拍卖。这把壶与我们在邦瀚斯购得的倒流壶造型一模一样，都是底座外张的桃形，只是壶面上的绘画不同而已。请马钱特父子再次为我们长眼把关后，我们拿下了倒流壶，与前一个凑成了一对儿。[9]

2010年11月，一个五彩倒流壶出现在了伦敦佳士得的拍卖会上。它也许是顺治晚期或康熙初期的作品。我们向理查德和斯图尔特·马钱特寻求建议。他们在预展中仔细地观赏了这把倒流壶，斯图尔特·马钱特很欣赏这件物品的时间、品相和壶面上特有的题词。他告诉我们这把倒流壶是一件"不可多得的宝物"。

和我们收藏的"哈彻"壶一样，这把壶也是桃形的，但要高一些。壶上端的卷须将壶体与壶嘴相连。白色壶面上勾画出的花枝轮廓内填有铁红色和渐变的绿色釉。壶身下方有红果点缀，上方分别画有盛开的菊花和牡丹。此壶与众不同之处在于两边都有与绘画相对应的诗句。有牡丹的壶面写的是："醉态临风妖欲笑，娇姿含露湿啼妆。"有菊花的壶面写的是："问询归来陶靖节，东篱清兴意何如。"佳士得的专家认为这种式样的外销瓷器上一般没有题词，因此认定这把倒流壶既内销也外销。

瓷制桃状
五彩诗文倒流壶
清顺治末至康熙初
江西景德镇
高 15.5 厘米

醉态临风妖欲笑，
娇姿含露湿啼妆。

通过与马钱特父子的交往,我们感受到与一个可以信赖的古董商建立长期互利互惠的合作关系的重要性。这样的古董商对你的藏品了然于胸,时时把你放在心上,很能抓住机会又快又准地把你藏品中所缺的那项给补上。更不用说古董商长年积累的专业知识和辨识真假的功力让收藏家们受益匪浅。所以,我们满怀信心地将这一罕见的倒流壶纳入了艺智堂的收藏。

问询归来陶靖节,
东篱清兴意何如。

外销瓷倒流壶

康熙和乾隆年间,桃形倒流壶在欧洲非常流行,于是外销倒流壶的设计根据市场需求满足西洋人多样化的口味。我们的收藏里就有两个比较罕见的例子。一把壶(图右)是2009年5月在伦敦的邦瀚斯拍卖会上从葡萄牙藏家那儿买到的,另一把(图左)则是约十年后从纽约的佳士得拍卖行购得。

这两把倒流壶都是桃形,桃尖都有一抹红,朝着壶嘴方向翘着,底座呈喇叭形。白色那只画风粗犷豪放、浑身的"粗枝大叶";绿色那只则精美娇贵,上上下下"一丝不苟",放在一起倒也相映成趣。

以鲜亮的绿色为主的这些釉色,是典型的康熙五彩风格,在西方被称为"绿色家族"(famille verte)。它们是施以透明釉料烧制后用黑色和铁红色勾勒出图像,再用不透明的铁红、半透明的绿色、蓝色和黄色的珐琅填图,最后低温二次烧制而成。景德镇制作的绿色家族瓷器是备受西方推崇的上品。

瓷制桃状
康熙五彩倒流壶
清康熙
江西景德镇
高 12 厘米（左）、
12.7 厘米（右）

我们总是乐此不疲地把类似的藏品归到一起来研究它们之间的相同与不同之处。2002 到 2013 年我们买到了六把 19 世纪的寿桃形倒流壶，这些壶的造型基本一致，不同之处是它们彼此之间壶身和底座的颜色是互换的。这些壶四把来自英国，两把来自美国波士顿。虽然是中国制造，这些外销倒流壶却未曾在中国市场出现过。

这些批量生产的壶烧制于景德镇，表面颜色鲜亮，使用了包括康熙晚期开始从西方进口的粉彩釉，在西方又被称为"粉色家族"（famille rose）。壶体有蝙蝠和寿字，壶流和把手呈白色描金。为了方便注酒，壶底的凹口很深，呈漏斗状。这个迷你系列中的鹅黄、桃粉、三种蓝色以及两种绿色的倒流壶经常被我们摆在一起争奇斗艳。

瓷制桃状粉彩
外销倒流壶
19 世纪
江西景德镇
高 14.8 厘米至 15 厘米

瓷制桃状外销倒流壶
19 世纪
江西景德镇
高 14.2 厘米至 15.4 厘米

德化倒流壶

我和张卫第一次去福建是2003年。我们参观了自明代以来就以生产白瓷而闻名于世的德化窑，然后又去了历史名城泉州。2月27日是我的生日，我给父母写了封信：

昨天一大早接了个电话。张卫给我俩老掉牙的手机输入的彩铃《东方红》和《国际歌》在早餐室里大响，引人侧目。来电的徐姓小伙子称家里有个德化倒流壶，约我们到他的店里看货。9点半到了店里，他和他爸，一位退休老干部，已经在等着我们了。接下来的一个半小时我们耐着性子喝了一杯又一杯的工夫茶，看了一个又一个他们从袋子里掏出来的东西，就是没看见倒流壶。我跟张卫嘀咕，这前奏可真够长的，这茶喝得我都快要上厕所了！小伙子可能看出了我的心思，慢吞吞地拿出袋子里剩下的最后一个物件——一个桃形倒流壶。上了灰白釉的壶体在梅枝、蝴蝶等堆贴上涂了绿、粉、黄及黑色珐琅，虽然壶的底座不平，黄釉也年久变质，但仍不失为一个可爱的物件。我们决定买下。

作为久经沙场的买家，我们故意没有花太多时间在倒流壶上，而是认真看了每一件他们向我们展示的物件。不过他们没有被烟雾弹所迷惑，他们知道我们今天就是冲着倒流壶来的。果然，一问价，5600元人民币——相当于650美金呐！这时我们老掉牙的手机又响了。在此起彼伏的《东方红》和《国际歌》彩铃声中，我笑着说，给无产阶级打个折呗！张卫还价说200美金，双方进入讨价还价的拉力赛。未果，我们提议考虑考虑再来。

逛了一天旅游景点后，我们回到小徐的店里已是下午5点半了。本以为可以速战速决，结果小徐和老干部爸爸又重演了上午那一套！又是一杯接一杯地喝茶，看一件又一件我们完全没兴趣的物件，近两个小时后，在我的耐心被磨完的那一刻，倒流壶终于出场了。张卫提价到300美金。小徐面有难色地说，壶是三年前买的，卖家要一万五，泉州博物馆只愿出三千，所以他以高于三千的价才把倒流壶拿下。与他爸用方言私语了几句后，小徐说："你看，怎么也得五千块吧！"张卫摇了摇头："再说吧。"

刚踏进宾馆，老掉牙的手机又传来了无产阶级调调。不出所料，是小徐打来的。他说还有我们感兴趣的东西没给我们看。今天早上，我们三顾茅庐。让我始料不及的是，不仅喝茶看货的步骤没有省略，还多了一项见小徐的妈妈及品尝她做的糕点！我的身体真的装不下更多的茶水，我的脑子真的装不下更多的唠嗑了！无奈中，我借故溜了出去，把张卫一个人丢在那儿。砍价赛中张卫向来擅长马拉松，我只干得了百米冲刺。在外面逛了一个多小时后，张卫打我电话了："拿550美金过来，长征结束了。"

张卫在信上补充道：

彼得溜出去后，我告诉小伙子今天彼得过生日，希望彼此都妥协一下，让我把壶买下来做生日礼物。可我提价到500美金他还是咬定600美金寸步不让。我说那好吧，550美金但需搭送我喜欢的一件文房瓷水盂和一个配套的小银勺。小伙子不屈不挠，还价580美金。我直接谢了他，拿起背包准备走人。小伙子拦住我，让我再还个价，我说真的没有议价余地啦，小伙子这才拍板："成交！"就这样，彼得有了生日礼物，我得到了水盂、银勺，皆大欢喜。在去车站的路上，我们盘算了一下：磨了两天五个多小时的嘴皮子，降了100美金的价，平均每人每小时挣了10美金，哈哈，不知道咱这够不够得上法定的最低工资标准？

下午我们乘大巴到了省会福州，马不停蹄地赶往新建的福建博物院，去拜访福建的顶级瓷器专家林忠干。林先生仔细看了看，认为这是个光绪倒流壶。然后，他在高倍放大镜下检查了倒流壶底部的釉和裸胎：

这是个德化壶，因为胎体上有像煮熟糯米一样温润发光的小颗粒。这是因为德化黏土含有高浓度的钾，比其他瓷器更柔软。德化窑在乾隆中期开始使用粉彩，但底部灰釉表明这种壶是在晚清至民国时期制造

【左】
桃状粉彩德化瓷倒流壶
清光绪
福建德化
高12厘米

【右】
桃状德化白瓷倒流壶
清光绪
福建德化
高12.3厘米

的。但它肯定是1933年之前制作的，因为之后人们开始使用石膏模具。此壶仍是民窑的手工制作，釉料并不讲究，其中黄色比较暗淡是由釉料中的化学物质和窑内温度造成的。

那年秋天，我们在杭州拍卖会上购得了一把未上彩釉的类似的倒流壶。它略高偏瘦，手柄更大更厚，但是壶面上的堆贴是完全一样的。摆在一起，这两把德化倒流壶倒是"淡妆浓抹总相宜"的一对儿。

最贵的一课

几年前，一把估价不菲的倒流壶在一家国际知名的拍卖行出现。拍卖图录用了整整五页，不惜笔墨地描述这把倒流壶"是现存早期倒流壶最重要的实物之一"，并用醒目的大写字赞叹这把倒流壶是多么的"稀有与华丽"。尤其在看到结尾"热释光检测与其宣称年代吻合"这行定心丸一样的文字后，[10] 我再也按捺不住激动的心情了，一定要将此壶作为"镇堂之宝"纳入我们的收藏。

可是张卫并不看好这把倒流壶："要不要先问问马钱特父子或几个专家？"张卫有点扫兴地问道，"这可不是买棵大白菜哟！"我一直就不大满意张卫的稳健有余而拼劲不足。"顶级拍卖行怎么可能拿自己的声誉开玩笑？"正在兴头上的我反驳道，"国际级的专家们怎么可能都看走眼！"我赶紧卖掉了一些投资筹了些钱，赢得了拍卖，一举拿下了这件我们收藏中最昂贵的宝贝。最昂贵的——赝品。

拍卖过后一些古玩商的质疑声让我忐忑的心跌到了谷底。我们马上开始补课学习，亡羊补牢，并专程带着这把倒流壶去中国和英国，请那里的顶级古瓷专家做鉴定。我现在都记得其中一位顶级专家见到我时直摇头，并让助手把他前阵子收到的拍卖图录拿给我看。当翻到我们的倒流壶的那一页时，上面赫然有他用记号笔写的"FAKE"（赝品）大字，外加他毫不客气的批评，仿佛正在宣判我犯了一级鲁莽罪一般。我们印证了自己的错误后，沉住气，一步一个脚印地调查。在电影情节般的峰回路转后，我们终于以收集来的证据成功地向拍卖行全款退货。张卫这时总算松了口气。从此以后这桩"雷彼得之鉴"成了她时不时念叨的紧箍咒，尤其是每当我轻信他人、感情用事的时候。虽然这种低级错误实在是不能犯第二次了，但花费一个多月调查的"学费"相比吸取的教训和学到的专业知识，还真算得上是物有所值。

锡制倒流壶

1999年春,我们在斯坦福大学附近的帕洛阿尔托拜访一位益智游戏收藏家,开车经过一个名叫"回忆居古董"的店。进去后我们很失望地发现这是一家专营19世纪法式家具的古董店。正当我转身要离开时,眼角瞄到一把锡制的壶。仔细观察,这个桃状、无盖、底部有个洞的壶上面写有中国字。标签上写的是"锡茶壶"。

这是我们第一次看到锡制倒流壶,当然无论如何是想要买走的。向年轻的店员打听有关这把壶的一切、包括产地、用法,可她除了知道标价是150美金,其他的一问三不知。问她100美金卖不卖,向老板电话请示后,双方成交。于是第一只丰满诱人的大锡桃掉到了我们的掌心里。

锡制桃状倒流壶
清
中国南方
高14厘米

同年秋天，我们在上海的一个古玩商朋友说他见到了一把带原装匣子的清朝锡制倒流壶（图右），但壶的主人目前无意出售，建议我们下次回上海时再联系。不料一年之后我们被告知倒流壶已经被人捷足先登买走了！又过了一年，经过锲而不舍地打听倒流壶的下落，我们发现倒流壶并没出手，还在原来的主人那里。最终通过朋友的牵线搭桥，倒流锡壶花落我家，艺智堂收藏又有了一颗明珠。在中国办事情往往急不得，时机到了一切自会水到渠成。

锡制桃状倒流壶（一对）
沈郎亭制
清
中国南方
高 13.4 厘米、12.8 厘米

这把极精致的锡倒流壶像只丰满的桃儿。桃尖儿朝上、桃体在缠枝绿叶般的壶流和壶把之间、壶口在壶底的桃叶里、隐藏得很好。倒流壶正面刻有古诗一首，落款是"沈郎亭制并书"。关于沈郎亭，除了知道他是清朝的人物之外，我们一无所知。我们猜测他很可能是江苏人，但其实并无依据。

几年后我们有幸在美国的一次拍卖会上又买到了一把沈郎亭的锡倒流壶（图左）。除了我们收藏的两把以外，已知仅存的沈郎亭倒流壶有五把在故宫、一对在芝加哥的菲尔德博物馆（Field Museum）、一把在布达佩斯的前拉特·捷尔吉博物馆（Ráth György Múzeum）、一把在瑞典哥德堡（Göteborg）的罗斯卡博物馆（Röhsska Museet）。另外，还有一把最特别的沈郎亭制双桃倒流壶，现存于上海中医药博物馆。[11]

2000年，我们一迈进北京古玩城二楼的一家小店，店主就高兴地说可把我们盼来了。他急匆匆地跑到楼上去，拿了把十分精美的锡制倒流壶和底盘下来。店主捧着宝贝赞叹道："三楼开店的一个山西朋友二十年前在临汾附近的村子里买了这个，我们都没有再见过类似的。"这把厚重的锡制桃形倒流壶从桃尖到壶底由一条深深的腹缝分成两面，两面的壶腹又分别压出一个桃形凸面，分别錾刻着驾鹤的寿老和乘凤凰的仙女。壶面錾布着鱼籽纹，衬托着象征吉祥的团寿、蝙蝠和浮云饰纹。[12]二话不说，我们马上买下了这把倒流壶。

不久，我们收到了北京锡器收藏家高博达的越洋电话，邀请我们再次去北京时到他家做客。[13]等到有机会登门拜访时，我们带上了这把倒流壶准备好好交流一番。到了饭点，就着啤酒和饺子，高博达摇了摇头，说："你可能没想到吧，你那个锡倒流壶我可是盯了好几个月！每星期我都去讨价还价，终于有一天我下定决心去把它买回来，结果店主居然说我来晚了——有个老外眼睛都没眨就买走了。算你们走运，因为那把倒流壶本该是我的！"我们都笑了，连忙为了我们的好运干了一杯。

锡制桃状倒流壶
清
山西
高 11.5 厘米

倒流砚滴

中国文人使用的笔、墨、纸、砚被称为文房四宝。我想应该再加一宝：砚滴。研墨时需要往砚台上加水，但每次只能加几滴。倒流砚滴尺寸小到刚刚适合手握，壶流细窄，与类似的倒流壶相比，能更好地控制出水量。我们收藏的倒流砚滴不仅材质各异，有铜、银、锡和瓷制，而且在造型上也各不相同。

红铜制桃状錾花倒流砚滴
清
中国北方
高 8 厘米

张卫很喜欢银器。除了益智游戏，她2001年还开始了自己的古旧银器收藏，大都是首饰、女红工具或其他小巧的物件。2008年她在北京西琉璃厂的海王村古玩市场找到了一个银制南瓜状倒流砚滴。南瓜分成五瓣，弯曲细长的茎用作砚滴口，每次倾倒恰好一滴水。底部注水孔外侧还锤印有"纹银"和代表银匠款标的"署"等字样。南瓜里面有一个小球，晃动空砚滴时会发出悦耳的铃声。

【左】
锡制瓜状倒流砚滴
清
山西
高 10.7 厘米

【右】
银制南瓜状倒流砚滴
清
中国北方
高 5.9 厘米

多年来，我们从北京、山西、香港、澳门等地以及美国淘来的人物砚滴形成了一个有趣的系列。这些砚滴的釉色、装饰纹及其笔锋都很相似，水从底部注入，从人物肩上的短壶流滴出。人物除了寿老，道教传说中象征团圆、和睦、美满的和合二仙，还有八仙过海中的汉钟离、曹国舅、吕洞宾和何仙姑。美中不足的是八仙目前还缺铁拐李、蓝采和、韩湘子和张果老这四仙。希望亲爱的读者们能帮我们补齐。

磁州瓷倒流砚滴
清末
河北磁县
高 13.9 厘米至 15.2 厘米

寿老　　　　汉钟离　　　　曹国舅

河北邯郸市博物馆的马小青馆长告诉我们，这些砚滴是当地的磁州窑在晚清时期生产的。那些奶白背景上鲜明的黑或深棕的釉下彩、活泼流畅的线条都是磁州窑典型的特征。这些砚滴的结构利用水的张力让水的流量得到很好的控制。给砚台添水时，将砚滴倾斜，只有很少量的水会从人物的肩部突出的嘴儿流出。若要续水，则要先将人物放正、然后再倾斜滴水。

吕洞宾

何仙姑　吕洞宾

和合二仙

山西制倒流醋壶

山西平遥在清代是中国的经济中心，如今它以保存完好的城墙和留存下来的明清民居闻名于世。1999年秋季，我们第一次去平遥，在南大街上的一个古董店发现了两个相似的桃形倒流壶。我们正琢磨着，店主漫不经心地插了句，这就是俩醋壶！山西人没有一壶醋简直什么都咽不下！他还告诉我们这样的醋壶一直到"文革"时期还很常见。

倒流醋壶壶身上部由半透明的白釉覆盖，靠近底部的釉是深棕色。壶身绘有蓝色图案，一面是花枝，另一面写有四个大字。涂有绿釉的枝叶覆盖着壶顶桃尖儿的部位。从笔触来看画的速度挺快，笔锋粗犷活泼，与邻省的河北磁州民窑风格有异曲同工之妙。

这两把壶都特别脏，所以张卫一回到旅馆就迫不及待地清洗，结果发现由于常年盛放陈醋，壶底有一层厚厚的醋垢。张卫只好把壶灌满热水，不停地摇晃才洗干净了些。看起来这些倒流醋壶不是什么装饰品，而是很接地气的老百姓的日常用品。

山西桃状瓷倒流醋壶
20世纪中期
山西阳城
高10.6厘米、10.5厘米

两把倒流醋壶乍看起来没什么区别，其实不然。一把是从右至左写的"调和五味"，五味即甜、酸、苦、辣、咸。说明此壶是1955年人民政府宣布将书写方式变为从左至右之前制作的。另一把是"文革"时期的口号"斗私批修"，说明壶是1967年10月"斗私批修"第一次在《人民日报》上出现后不久制作的。

这两把壶的手柄也不一样，虽然手柄都做成了猴子站在桃壶的侧面的样子，不过其中一只猴头很明显，另一只则被抽象化了。倒流醋壶的手柄的设计是经过多年生产的变化还是各地作坊的模具设计不同？我们确定这些倒流醋壶是山西制作，但是具体在山西什么地方需要进一步调查。

2003年时，我们与台湾瓷器专家许伯雄曾在杭州一家古董店偶遇。柜台上一本当地拍卖图录中的一把山西倒流醋壶引发了大家的热烈讨论。那时我们收藏的倒流醋壶已有十来把，因此对这些醋壶的背景颇有兴趣。许伯雄说这些壶是山西东南的晋城和长治地区的民窑制作的。那些民窑自金代以来从未间断地生产瓷器，直到今天还是如此。

许伯雄的一番话把我们带到了晋东南。我们在长治城隍庙外的周日古玩市场买了几把醋壶，其中一把写有"奋发图强"的口号。快离开市场时，我们又买到了一只硕大的碗，不仅材质和绘画与醋壶很相近，连上面的口号都一模一样。

瓷制"奋发图强"倒流醋壶及碗
20世纪60年代
山西阳城
壶高10.3厘米

后则腰陶瓷厂老工人
山西阳城
2013年

第二天，我们去晋城博物馆拜访馆长张广善，他一见到我们从背包里拿出醋壶和大碗就笑了。他一边比画一边绘声绘色地说：

> 我对这些醋壶和碗可是记忆犹新呀！"文革"期间，我上山下乡到农村。那时太行山区的人们生活很贫困，只能吃粥饭填肚子，也没有什么炒菜，经常是一碗粥里和着几片菜叶子就是一顿饭。粥很烫，碗底高才不会让我们托着碗底的手指被烫着，喏，你看，就这样，另一只手用筷子将粥面不太烫的那层胡噜到嘴里。
>
> 60年代那阵我还年轻，到哪儿吃饭桌上都摆着个这样的醋壶。这些用来装醋的倒流壶在山西到处可见，一直到"文革"后批量生产的价廉瓷器充斥了市场。山西以高粱醋闻名，大大小小的餐馆饭店桌上绝对少不了醋。有了醋顾客们才吃得香。

2005年，我们又来到晋城。张广善告诉我们，他的老家，晋城西46公里的阳城，有几个窑址值得一看。我们考察了阳城南边的后则腰陶瓷厂，2013年又先后去了两次。后则腰陶瓷厂自清代以来一直到20世纪60年代都曾制作倒流醋壶。我们采访了几位退休的瓷厂老工人、一位退休的老厂长、

后则腰陶瓷厂古窑址
山西阳城
2013年

一位其曾祖父和父亲都做过倒流壶的农民,并录了像。从他们的故事里我们终于弄清楚了这些不同寻常的倒流壶的历史变迁、制作原材料和制作过程。

自从第一次在平遥购得倒流醋壶以来,我们这些年陆陆续续又买了四十几把有十几种口号的醋壶。一些了解五六十年代生活的朋友对这些口号耳熟能详,不少人一下子就能根据口号的内容判断出生产醋壶的具体年代。这些标语如"共产党万岁""泽光普照""保卫祖国""保卫和平""百花齐放""自力更生""奋发图强""庆祝丰收",都是时代的烙印。大家是否也能猜一猜这些醋壶生产的年代呢?

我们不知道倒流壶被用作醋壶的起始年代,但是刊于1910年关于瓷器的经典著作《匋雅》印证了这种用途起码能上溯到一个世纪以前。如书中所述:

> 桃形而有嘴与柄,无上盖也。底足内有一圆孔,可以灌水于其中,则谓之醋壶。所以防虫蝎之入也。[14]

清代或民国时期的山西倒流醋壶并不少见,通常顶部涂有棕色或绿色斑块。但相比后期的醋壶,早期醋壶从壶型到工艺都不算精良,张卫不是很喜欢,所以我们只收集了几把做标本。

街头群众参与有关倒流醋壶的热烈讨论
山西阳城
2013年

早期山西桃状瓷制倒流醋壶
清代至民国
山西
高10.5厘米

三轮车载我们
去贾胡肉的作坊
山西高平
2017 年

2017年春，在晋城北靠近高平的一个乡下周末古董集市上，刘念在地摊上发现了一把满是灰尘的倒流壶。虽然一看便知是新仿做旧了的，她还是向摊主打听起了倒流壶的出处。摊主内向，言语不多却意外的实诚："这是我父亲做的，家里还有许多呢。"刘念赶紧把几十米开外集中精力淘宝的我们叫了过来，要知道这么多年来我们踏破铁鞋一直在寻觅曾经做过倒流壶的工匠，谁知道今天得来全不费功夫！

不一会儿，皮肤同样黝黑的摊主的父亲闻讯赶来："你好！我叫贾胡肉，是我们这儿最后一个倒流壶工匠。你要愿意，欢迎到我几里地以外的作坊看看。"就这样，我们几个挤上了一辆小三轮车，一路颠簸向村子里开去。

贾胡肉推开了一扇破旧的木门，带我们走进了一个土墙围着的小院落。院子里有两个窑，一个烧气一个烧炭。到处堆满了材料工具，贾胡肉就在院里一个光线暗淡的小作坊里工作。不知道什么风把老外都吹来了的消息传开后，看热闹的人多了起来，连村长也赶来探究竟。我们开始了对倒流壶制作过程的摄制和采访，贾胡肉一边和泥，一边娓娓道来：

> 我在这个苏庄村出生。六几年我在村里的陶瓷厂开始工作时才十六岁。厂里有三个大窑，鼎盛时期有四五十个工人。我的师傅是李小旦，原来在阳城县后则腰陶瓷厂工作。他解放前就是做这个的。倒流壶里面

贾胡肉曾经工作过的村
陶瓷厂
山西高平
2017 年

一般装醋和酱油之类，一般不放酒。摆在桌上比较方便。倒流壶没有盖儿，灰尘不会落进去，有的老百姓现在还用。但土地下户，改革开放十几年以后大多数人渐渐不用倒流壶了。饭店开始要细致漂亮的瓷器，这些粗瓷不高档，没人要，所以窑厂也就关闭了。转为家庭型小作坊的就只有我一个人。

倒流壶不能机器拉坯，所以是纯手工。我在陶瓷厂的时候整天做倒流壶，就是这种猴吃仙桃形状的倒流壶，壶把就是猴子。工艺简单但工序比较复杂，每天能做二三十个。大集体的时候我们挣工分，一个卖三毛钱。厂里就我师傅和我两个人做，其他人做碗啊、盆啊之类的。以前集体的时候销到供销社，后来都是各地卖古玩的人来我家里买。今年经济不景气我才开始拿到古玩市场去卖，往年我都不出去的。

模具、修坯工具都是我二十年前自己做的。我的陶瓷土是不远处河西镇西李门村来的，也有陵川县的。这些土非常黏，不容易断裂，非常适合做陶瓷泥。泥和好后，用模具做出壶流、壶把及上下两半壶身。用泥包住一根小竹竿，竹竿抽出来后就有了壶芯。将壶芯对准下半壶身的底洞粘上去，合上另一半壶身。在壶腹上挖个通壶流的洞后再将壶流、壶把粘上，壶坯就成了。

陶匠贾胡肉与儿子
山西高平
2017年

壶坯的上半部上一遍化妆土可以增加它的白度。然后在化妆土上画花、写字。壶坯有腹缝的这面用来写字，另一面平面比较大一点用来画花。画花速度要快，有深有浅，和在纸上画不一样，由于是悬空画，所以不那么好操作。我现在手抖得很厉害，今年我已经不敢拿笔写字了。写字有写黑字的也有写蓝字的。蓝字用的是氧化钴。口号写什么自己决定。"文革"的口号好卖，有时也有人要旧时诸如"恭喜发财"之类的字儿。现在习近平总书记号召大家要实现中国梦，所以可以写"实现梦想"。反正按照时代的特征、时代的需要来写。最后上釉，釉下彩的好处是装窑的时候不会把花、字擦模糊了。我们一般从河南安阳下面的一个镇子买白釉。

我儿子一直跟我学，孙子也愿意接班。只要我身体能干活就永远不退休。最近几年经济不景气，但这是暂时的。用不了多长时间，经济又会活跃起来。这个手艺会传承下去的。[15]

采访完后，我们又爬上小三轮运输车去贾胡肉家喝茶。经过他的一个好朋友家时，我们在厨房里第一次见到了生活中还在使用的倒流醋壶！那是几十年前贾胡肉送给他的。最后告别时，贾胡肉坚持让我们每个人拿上一个他的倒流醋壶做纪念。

【右页图】
制作倒流醋壶的过程
山西高平
2017 年

贾胡肉在倒流醋壶坯上画花

贾胡肉几十年前送给朋友的倒流醋壶

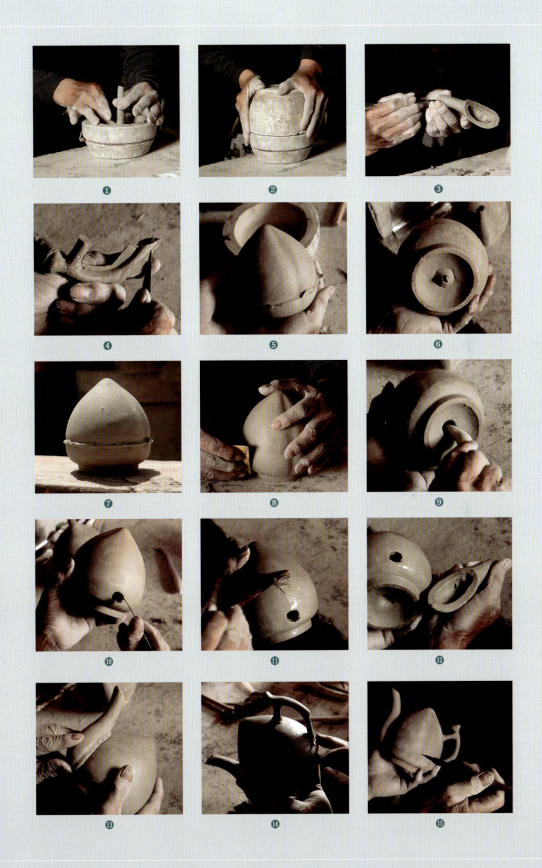

张卫的故事

当年我大学暑假回新疆，看到家里摆着个深棕色的瓷猫。和书架上摆满的小物件一样，这也是我父亲出差带回来的许多纪念品中的一个。我只记得这个猫壶摆在架子上，但我似乎从来也没好奇地去摆弄过。

直到我们开始收藏益智游戏时我才恍然大悟，这个瓷猫壶是把倒流壶。我母亲曾对我说，这是1969年父亲去山西大寨参观时带回来的。1998年秋天，我去乌鲁木齐看望母亲时，跟母亲将这把倒流壶要了过来——这也成为我们收藏的第一把倒流壶。

姐姐听说我们拿走了父亲的倒流壶，打趣道："你们连这个也感兴趣呀！这玩意儿我家也有呢！"过了几天，她一手抱着一个苹果倒流壶上门来。翠绿的釉底、夸张的腮红，加上梗上的两片大叶子，苹果鲜脆欲滴得像刚摘下来似的。更巧的是，每个苹果上有片叶子是壶流，另一片叶子是壶把。"你姐夫80年代在河北唐山出差时买的，"姐姐说，"买了多少年就积了多少年的灰。要不贡献给你们的收藏，算是给爸爸的猫壶做个伴儿吧！"于是爸爸的猫与姐姐的苹果就成了我们倒流壶收藏中的第一、二、三号。

几年下来，我们又收藏了一些类似猫壶的山西倒流壶。这些产于20世纪六七十年代的倒流壶物美价廉，大多呈棕色。现在在中国也算常见，只是如今它们已经摇身一变，成了身价百倍的"古董"。它们的形式多种多样，有公鸡、猫咪、乌龟、双鱼、玉米、桃子、石榴，甚至还有一个蒂上趴着只老鼠的瓜瓤。

2008年，我们去了唐山的开平古玩市场。那里的店铺满是"文革"文物，包括姐姐的那种苹果形倒流壶。问起来源，店主说："这些都是1969至1972年'文革'期间在当地第七和第九陶瓷厂生产的。"果然如此！

各种近代瓷制倒流壶
20 世纪 60 至 70 年代
山西
高 9.6 厘米至 16.5 厘米

瓷制苹果形倒流壶
约 1970 年
河北唐山
高 12.4 厘米

国之重宝

陕西历史博物馆有一把非常著名的北宋时期的倒流壶,产于西安北部铜川的耀州窑。刻满缠枝牡丹的球状壶腹上方是一个连在一起的花蒂假壶盖。壶把形似凤凰,壶嘴被塑成一只哺喂幼崽的母狮。执壶底座中间有个梅花状的入水口。

2002年,我们去西安拜访了西北工业大学的一位退休研究员高立勋。高立勋向我们讲述了1968年他的姐夫晁日兆是如何在西安西北部150公里的彬县,从老城墙上取土的时候发现了这把举世闻名的执壶的。执壶在他姐姐家一放就是十几年,直到1980年,高立勋将壶拿到了西安碑林博物馆请专家们看看。考古部门鉴定此为宋代瓷器真品,并奖励了高立勋1200元人民币——这在当时可不是一个小数目。高立勋把奖金给了姐姐家,这把执壶在1984年被陕西历史博物馆入藏,成为镇馆之宝。

只要你去过西安就会发现这把执壶的复制品充斥着各个游客纪念品商店。它们价廉且趣味性强,有大有小,还有的和公道杯一起配套出售,是给益智游戏爱好者送礼的不二之选。当然如果想了解历史,还想买到质量上乘的复制品,最好还是去这把执壶的原产地,离西安76公里的铜川耀州窑博物馆。

高立勋与耀州窑倒流壶
北宋
陕西铜川
高 18.3 厘米
陕西历史博物馆

已知最古老的倒流壶

陶制羊形倒流壶
公元前 1050 至前 950 年
塞浦路斯
高 20.3 厘米
纽约大都会艺术博物馆

陶制人形倒流壶
公元前 750 至前 600 年
塞浦路斯
高 26.7 厘米
纽约大都会艺术博物馆

陶制牛形倒流壶
公元前 750 至前 600 年
塞浦路斯
高 21 厘米
纽约大都会艺术博物馆

　　地中海东北角的塞浦路斯岛有制作陶器的悠久历史，公元前 1000 年时达到顶峰，人形和兽形陶器制作和装饰都十分精美。纽约的大都会艺术博物馆藏有几件所谓的"机关瓶"，其中一只山羊形壶（公元前 1050 至前 950 年）是目前已知最古老的倒流壶。陶匠巧妙地将山羊角和壶的提梁结合在一起。液体通过空心高脚底座注入，从山羊嘴部倒出。

　　稍晚的一只倒流壶（公元前 750 至前 600 年）的外形是一个戴着珠宝的长发女人，她的头颈也是壶颈。同时期的另一把牛形倒流壶以牛头做壶流，圆滚的壶体上有尺寸不一的同心圆纹。据认为，这些壶用于祭祀或宴会。[16]

陶制倒流壶
公元前 850 至前 550 年
伊朗吉兰省
伊朗国家博物馆

最近，我们得知伊朗国家博物馆展出过一件可追溯到公元前 850 至前 550 年的倒流壶。这件倒流壶出土于伊朗吉兰（Gilan）省一个叫卡卢拉兹（Kaluraz）的村子，是里海西南方塞夫德罗德河（Sefidrud）河谷的一个考古遗址。现在该地区仍然是小规模陶器生产的中心。

倒流壶没有中国桃形倒流壶的尖顶，反而像被削去了一块，平平的壶顶正好可以让壶倒立在桌面上，不用手扶便可往壶底的注水孔灌水。座台下方的镜子清晰地展现了倒流壶的注水孔。伊朗同时期的壶常有喙状的壶流。[17] 说这只壶超长的壶嘴和弯曲的壶流长得像一只鹈鹕也不为过。壶嘴与壶身由短梁相接，壶身右侧有个半圆的小手柄。展览标签上写着"有特殊功能的陶器"。何谓"特殊功能"呢？是与主人朝夕相处了一辈子的日常用品，还是为后世继续享用而制作的陪葬品呢？

我们有位老家在德黑兰的好友，她在伊朗的亲友替我们去博物馆跑了一趟，不仅拍了照，还跟热情的工作人员聊了很久。可惜由于玻璃的反光，照片拍得不够好。谁知刚要返拍，博物馆却因突发新冠病毒疫情关门了。

除此之外，奥林匹亚考古博物馆也有一只早期的倒流壶。这只公元前 5 世纪的希腊倒流壶壶体是残缺的，人们正好可以清楚地看到其内部结构。

世界各地的中国倒流壶

中国倒流壶在国内外的博物馆里都能看到。辽宁省博物馆有一把不同寻常的宋代（或金代）的双葫芦形磁州窑倒流壶，壶把为龙形，一位老者骑在短小弯曲的壶流上。[18] 内蒙古赤峰市博物馆有一把精美的辽代绿釉倒流壶，壶体圆形陶胎带有一个假盖，壶面图案丰富生动。[19]

柏林东亚艺术博物馆也收藏有一把辽代的绿釉陶制倒流壶，壶体呈卵形，壶流短小下撇，把手为带状，圆柱形颈部上方是带有尖头钮的梯状假盖。[20] 此外，英国巴斯东亚艺术博物馆藏有一把金代黑釉耀州瓷假盖倒流壶。

瑞典国王古斯塔夫六世·阿道夫（Gustaf VI Adolf，1882–1973）是一位对中国艺术有浓厚兴趣的业余考古学家，他藏有一件中国北方北宋时期的倒流壶。[21] 这个梨形的壶带有一个圆锥形的假盖和一个短短的壶流，壶的表面上有呈棕黑色的"油滴釉"。这件著名的倒流壶曾在欧洲各地展出过，现藏于斯德哥尔摩的东亚博物馆。

强壮的奥古斯特（August der Stark，1670–1733）是萨克森选帝侯及波兰国王。他对中国的瓷器情有独钟，并将自己的这一爱好称为"瓷器病"

陶制桃状"卡多根茶壶"
1810 至 1830 年
英国南约克郡斯温顿镇
高 14.9 厘米
维多利亚和阿尔伯特博物馆

(maladie de porcelaine)。他的中国瓷器收藏在欧洲是最好和最广泛的。藏品包括三对康熙五彩桃形倒流壶,饰有艳丽的铁红色。[22] 德累斯顿瓷器收藏现藏于茨温格宫(Dresdner Zwinger)。

其他拥有明清陶瓷倒流壶的博物馆包括伦敦的维多利亚和阿尔伯特博物馆(Victoria and Albert Museum)和大英博物馆、利物浦的利弗夫人美术馆(Lady Lever Art Gallery)、日内瓦的鲍尔藏瓷(Collections Baur)、圣彼得堡的埃尔米塔日博物馆、里斯本的阿纳斯塔修·孔萨维斯博士之家博物馆(Casa-Museu Dr. Anastácio Gonçalves)、纽约的大都会艺术博物馆、费城艺术博物馆、马萨诸塞州塞勒姆市(Salem)的皮博迪埃塞克斯博物馆(Peabody Essex Museum)、东京国立博物馆、香港茶具文物馆、石家庄的河北省民俗博物馆、河北邯郸市博物馆以及北京梅兰芳纪念馆。

中国的倒流壶在英国如此受欢迎,以至于当地的陶瓷业者在 19 世纪初也开始制作陶质倒流壶,人们将其称为"卡多根茶壶"(Cadogan teapots)。尽管被称为茶壶,很难想象这些倒流壶真的用来泡茶,光是从倒流壶里面把茶叶清洗出来就要费多少工夫!也许这些倒流壶只是用来装热水,或是已经泡好了的茶或咖啡,甚至或许就是一件装饰品。

英国最早生产卡多根壶的作坊是南约克郡斯温顿(Swinton,South Yorkshire)的罗金厄姆作坊(Rockingham Works),从约 1826 年起至 1842 年作坊关闭一直生产。[23] 那些英国生产的倒流壶收藏于维多利亚和阿尔伯特博物馆、剑桥大学的菲茨威廉博物馆(Fitzwilliam Museum)、布莱顿(Brighton)的普雷斯顿庄园(Preston Manor)以及纽约大都会艺术博物馆。

倒流壶的工作原理

大家是否好奇为什么酒从底部灌入倒流壶、注满后翻转过来不会漏出来呢？奥妙在于隐藏在壶内的管子。正巧张卫的妹夫李晋川是医院放射科主任，他给我们的倒流壶做了次"体检"，X光片上倒流壶内的管子清晰可见。

❶　❷　❸　❹　❺　❻

注 释

1. 题词，锡制倒流壶，艺智堂收藏。

2. Patrick E. McGovern, Juzhong Zhang, JigenTang, et al., "Fermented beverages of pre-and proto-historic China," *Proceedings of the National Academy of Sciences* 101, no. 51(2004): 17593–17599.

3. 郑州博物馆：《郑州古代陶瓷艺术》，香港：香港国际出版社，2004 年，第 28、117 页。

4. 郑州博物馆：白釉倒流瓷壶藏品信息卡，1981 年 6 月。

5. 广州市文化局：《杨永德伉俪珍藏黑釉瓷》，广州：广州西汉南越王墓博物馆，1997 年，第 26–27 页。

6. 迈克尔·哈彻是打捞过八十多艘船骸的英国海上寻宝猎人。在打捞上那批"哈彻货物"一年之后，1984 年他又从荷兰东印度公司商船"盖尔德麻尔森号"（Geldermalsen）的遗骸中打捞出十七万件完美无缺的中国瓷器和 125 个金锭。这便是震惊世界的"南京货物"。"盖尔德麻尔森号"在 1752 年前往印度尼西亚雅加达途中在中国南海附近沉没。1999 年哈彻再次从一艘 1822 年在雅加达海岸线附近沉没的中国三桅远洋货轮"泰星号"遗骸中打捞出三十六万件中国瓷器。

7. Colin Sheaf and Richard Kilburn, *The Hatcher Porcelain Cargoes: The Complete Record* (Oxford: Phaidon Christie's, 1988), pp. 25–30, 166.

8. 一件几乎完全一样的哈彻货物倒流壶出现在 David S. Howard, *The Choice of the Private Trader* (London: Zwemmer, 1994), pp. 142–143, plate 150。

9. 一件几乎完全一样的哈彻货物倒流壶出现在 Colin Sheaf and Richard Kilburn, *The Hatcher Porcelain Cargoes*, p. 64, plate 91。

10. 当一小片古瓷样片加热时，它会释放出淡淡的热释光。陶器的年代越久远，储存的辐射越多，释放的热释光也越强。通过测量热释光的强度可以计算出陶器的大致年代。遗憾的是，陶器的辐射量也可以通过人为地给陶器照射 X 光而改变。

11. 傅维康、李经纬、林昭庚主编：《中国医学通史》（文物图谱卷），北京：人民卫生出版社，2000 年，第 234 页。

12. 在图案之间的空白錾上集密的小圆珠状纹是中国银匠常用的一种艺术处理，上可追溯到唐代。这种被称为錾布鱼籽纹的工艺不仅可以掩盖瑕疵，而且可以除去金银器表面的反光，让图案的背景加深，更加鲜明地把图案衬托出来。

13. 高博达：《中国锡壶》，北京：国际文化出版公司，2011 年。

14. ［清］陈浏：《匋雅》，1910 年、第 43 页 b。

15. 贾胡肉：笔者的采访，山西高平，2017 年 5 月 12 日。

16. Vassos Karageorghis, *Ancient Art from Cyprus: The Cesnola Collection in The Metropolitan Museum of Art* (New York: Harry N. Abrams, 2000), pp. 80, 92.

17. Firouz Bagherzadeh, Anne Saurat, and Masahiko Satō, *Oriental Ceramics*, vol. 4, *Iran Bastan Museum, Tehran* (Tokyo: Kodansha International, 1978), plates 5, 77–78, 80.

18. 王明琦主编：《辽宁省博物馆藏宝录》，上海：上海文艺出版社，1994 年，第 30、121 页。

19. 中国历史博物馆：《契丹王朝：内蒙古辽代文物精华》，北京：中国藏学出版社，2002 年，第 272–273 页。

20. Regina Krahl, Yuegutang, *A Collection of Chinese Ceramics in Berlin* (Berlin: G+H Verlag, 2000), p. 142.

21. Nils Palmgren, *Selected Chinese Antiquities from the Collection of Gustaf Adolf* (Stockholm: Generalstabens Litografiska Anstalts Förlag, 1948), p. 127, plate 87.

22. Ernst Zimmermann, *Chinesisches Porzellan und die Übrigen Keramischen Erzeugnisse Chinas* (Leipzig: Klinkhardt & Biermann, 1923), 2:26, plate 115.

23. Alwyn Cox and Angela Cox, *Rockingham Pottery and Porcelain, 1745–1842* (London: Faber and Faber, 1983), pp. 110–114.

公道杯

Fairness Cups

满招损,谦受益,
时乃天道。[1]

——[春秋]《书经》

公道杯

穿越时空、让我们想象一下，几个文人雅士如往常一样小聚，主人拿酒待客。不寻常的是，酒杯里面有个寿老。

主人请朋友们自酌，一位朋友倒了半杯，喝完后把酒和酒杯递给了旁边的另一位。这位朋友则毫不客气地给自己倒了满满一杯，刚要喝却发现杯子是漏的，还没缓过神来酒就漏光了，把衣襟都打湿了。在座的都笑了，原来这位仁兄不知道手里拿的是只公道杯。

瓷制寿老公道杯
清乾隆
江西景德镇
杯高 5.9 厘米

杯底内外的排水孔

公道杯第一眼看上去与普通的杯子别无两样，只不过在杯子中间多了个模塑人物。细细端详就能发现人物不仅牢牢与杯底相连，而且人物的底部与外杯底分别有个小孔。

当适量的液体被倒入杯中，公道杯与普通杯子一样，但如果容量超过一定程度，公道杯里的液体便会从杯底的小孔流出来。奇怪的是，液体一旦开始流出，就不会停止，一直到杯子流空。

公道杯之"满招损"

公道杯

一件宋代的公道杯

故宫博物院的前陶瓷部主任冯先铭曾经写过，中国的公道杯最早产于辽代的陶窑，但是他并没有用实物佐证。[2] 我们所知最早的中国公道杯是我们2004年在伦敦买到的来自香港已故收藏家陈淑贞女士的藏品。

这只碗状的公道杯上有泛灰绿的釉，产于宋代或元代河北的定窑，比后来的公道杯更宽更浅，杯沿呈十七瓣状，微微外翻，杯底座窄小。杯内壁从下至上刻有呈放射状的柔美曲线。

杯中模塑人物边缘尖锐，似乎从未磨损过，所以这可能是一件随葬品，重见天日之前在地下已经沉睡了七八百年。模塑人物的左右两边各有一个小洞，可以窥望到空心模塑人物中的导水管底部。

瓷制碗状公道杯
宋
河北定县
杯高 3.8 厘米
直径 11 厘米

明代公道杯的教诲

2012年，我们与现芝加哥艺术博物馆亚洲部主任汪涛教授共进晚餐时，听他说曾在东京某个古董店里看到过一只公道杯。联系后不久，那个古董店主给我们发了几张照片，我们喜出望外地发现那是一只十分罕见的明万历青花公道杯。[3]

这只公道杯杯沿外卷，底座窄小，杯中有个与众不同、头戴纶巾的人物。但最引人注目的莫过于杯身上题写的三十八个大字了。卖家要价出乎意料的高。

我们的艺智堂藏品中已经有好几个漂亮的明晚期至清早期的福建德化"中国白"公道杯了，这是我们的第一个来自景德镇的明代青花公道杯。杯子上告诫人们这是个漏杯，半杯酒不漏，满杯酒漏光的题词对于我们来说弥足珍贵。原文如下：

瓷制青花题词公道杯
明万历
江西景德镇
杯高 6.4 厘米
直径 8 厘米

漏其卮 实以酒 半则弗漏 满则弗受 岂唯弗受 并丧厥有 庶几哉
宥坐之戒 可以长守 损斋居士铭

  东京古董店的老板告诉我们他是从一位搜集茶道用品的朋友那儿买到这只明代公道杯的。他还说这种杯子在日本人喝清酒的聚会场合也很流行。我们来来往往发了几封电邮商量价钱之后，这位老板似乎对公道杯的含义有所感悟，他最后给了我们一个十分合理的价格。他写道："公道杯提醒了我做生意什么才是最重要的，合理的价格是我对公道杯含义理解的最好体现。公道杯引导我去思考那些做生意、做人的原则。"

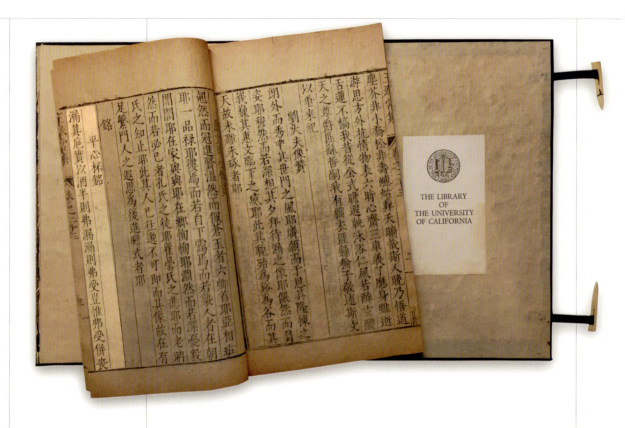

"平心杯铭"
明万历
王世懋著《王奉常集》
伯克利加州大学东亚图书馆藏

我和张卫对公道杯上损斋居士的题词产生了兴趣,进而在伯克利的加州大学东亚图书馆电子数据库查找资料时发现题词者"损斋居士"即明代著名文学家、诗人、书法家王世懋。王世懋去世后其兄王世贞将他的手稿选编成《王奉常集》出版,其中收录了"平心杯铭"。[4] 王世懋的题词有两个颇重要的意义:(一)这是迄今所见最早的有关公道杯的文字及教诲记载;(二)公道杯在明末时被称为"平心杯"和"漏其厄"。

汉代的韩婴在他的经学著作《韩诗外传》中描述了公道杯的前辈,即古代的欹器,[5] 及其与孔子有关的故事。孔子看到欹器便问守庙人那是做什么用的,守庙人答是座右之器。孔子问就是那个空了则倾斜、适中时端正、满了就倾覆的座右之器吗?并差弟子子路取水试之,果然如此。孔子深有感触地叹道:"唉!哪有灌满了而不颠翻的道理呢?"子路问孔子怎样才能保持满而不覆的状态呢?孔子回答说:"保持最盛状态的方法,就是自己有所抑制。"子路又问如何抑制呢?孔子说:"品行高尚的人,要保持谦恭;田多地广的人,要保持节俭;位高权重的人,要待人谦卑;兵强势广的人,要保持畏惧;聪明睿智的人,要自以为愚笨;见多识广的人,要自以为才疏学浅。这便是所谓的为了保持最盛状态而节制自己。"

> 孔子观于周庙，有欹器焉。孔子问于守庙者曰："此谓何器也？"对曰："此盖为宥座之器。"孔子曰："闻宥座器满则覆，虚则欹，中则正，有之乎？"对曰："然。"孔子使子路取水试之，满则覆，中则正，虚则欹。孔子喟然而叹曰："呜呼！恶有满而不覆者哉！"子路曰："敢问持满有道乎？"孔子曰："持满之道，抑而损之。"子路曰："损之有道乎？"孔子曰："德行宽裕者，守之以恭；土地广大者，守之以俭；禄位尊盛者，守之以卑；人众兵强者，守之以畏；聪明睿智者，守之以愚；博闻强记者，守之以浅。夫是之谓抑而损之。"[6]

有意思的是，明代学者及藏书家郭良翰在其百科类著作《问奇类林》中引用了王世懋的题词，并将漏卮与古代孔子有关的欹器相提并论：

> 欹器寓持盈于戒酒。即孔子所问周庙宥坐之器也。损斋居士铭曰：漏其卮，实以酒。半则弗漏，满则弗受。岂惟弗受，并丧厥有。庶几哉宥坐之戒，可以长守。大抵古人酒器，取义立名。无非示节戒盈。爵者，有差等也。锺者，中也。卮之象危觞，言伤也。皆是欹器之义。[7]

清代公道杯

我们第一次在伦敦觅宝是在 1999 年 7 月。当时我们在寻找一些 19 世纪欧洲商人们从广州带回来的象牙益智游戏，却意外地发现了许多其他曾让英国收藏者着迷的中国智趣物件。

首先光顾的一定是肯辛顿教堂街（Kensington Church Street）上马钱特父子的古董店。他们是伦敦乃至全世界最知名的中国玉器、明清瓷器专家之一。古董店在 1925 年由塞缪尔·西德尼·马钱特（Samuel Sydney Marchant，1897–1975）创办，现由他的儿子理查德·马钱特（Richard Marchant）和孙子斯图尔特·马钱特（Stuart Marchant）经营，第四代马钱特也在店里帮忙，准备将来接手。寒暄过后，理查德·马钱特拿出了一只迷人的 17 世纪白瓷公道杯让我们过目。

公道杯呈枝叶衬半桃状，杯底有三个小足，正中是出水口。杯中立个汉钟离，衣袍靠近足部亦有一小孔。汉钟离原名钟离权，姓钟离名权，道教著名的八仙之一，自称"天下都散汉钟离权"，即钟离权乃天下最闲散之人。传说汉钟离遇到吕洞宾时一眼看出他是可以造就的仙才，便十试吕洞宾，其中包括用钱财诱惑他，结果吕洞宾丝毫不为所动。由于吕洞宾的谦逊无私和高尚的品格，汉钟离收其为徒弟。吕洞宾最终得道，也成为八仙之一。

这种福建德化窑出产的白瓷在西方被称为"中国白"（Blanc de Chine），名贵瓷种有"猪油白""象牙白"等，因其瓷胎白如凝脂、光泽如绢的透明釉而闻名于世。新加坡亚洲文明博物馆有一只相似的公道杯，从其 X 光透视图来看杯中人物的中心明显有根垂直的管子。[8] 这根管子与公道杯的工作原理息息相关。

1906 年陈浏在其陶瓷著作《匋雅》中描写过一只德化瓷公道杯：

> 建瓷于碗内作人立形，其陆鸿渐耶。下有小孔，酒满则漏去，曰平心碗也。[9]

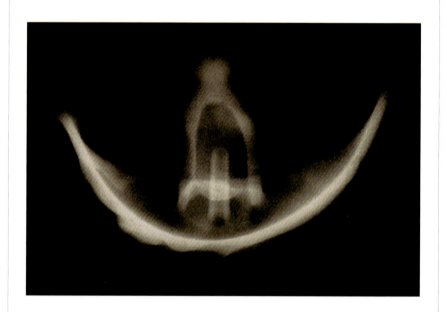

一只类似公道杯的 X 光透视图
新加坡亚洲文明博物馆提供

陆鸿渐（733–804）即是以《茶经》闻名于世的"茶圣"陆羽。在我们的研究中经手过许多福建窑的公道杯，其中包括我们艺智堂收藏的十几个，每一只公道杯都是"建白"的德化窑白瓷。这些公道杯中都有一个模塑人物，不是汉钟离就是布袋和尚，他们都袒露着肚子，风格不羁，杯中的人物不太可能是学者陆鸿渐。或许《匋雅》对建瓷杯内人物的记述是误判？[10]

从另一方面来说，陈浏对公道杯或其 20 世纪初的名称"平心碗"用途的解释是正确的——它们是用来饮酒的。荷兰吕伐登（Leeuwarden）的王妃庭院国家陶瓷博物馆（Keramiekmuseum Princessehof）一位友善的博物馆馆员曾给我们看过库房里的一只德化白釉公道杯。杯子的年代属于明末清初的 1640 至 1660 年，上面刻有唐代诗人杜甫（712–770）《饮中八仙歌》的诗句"长安市上酒家眠"[11]，描写了他的好友诗人李白（701–762）醉酒后的情形。

**内有汉钟离像的
德化瓷公道杯**
清康熙
福建德化
杯高 4.1 厘米

弥勒佛德化瓷公道杯（一对）
约 1650 年
福建德化
杯高 4.3 厘米、4.1 厘米

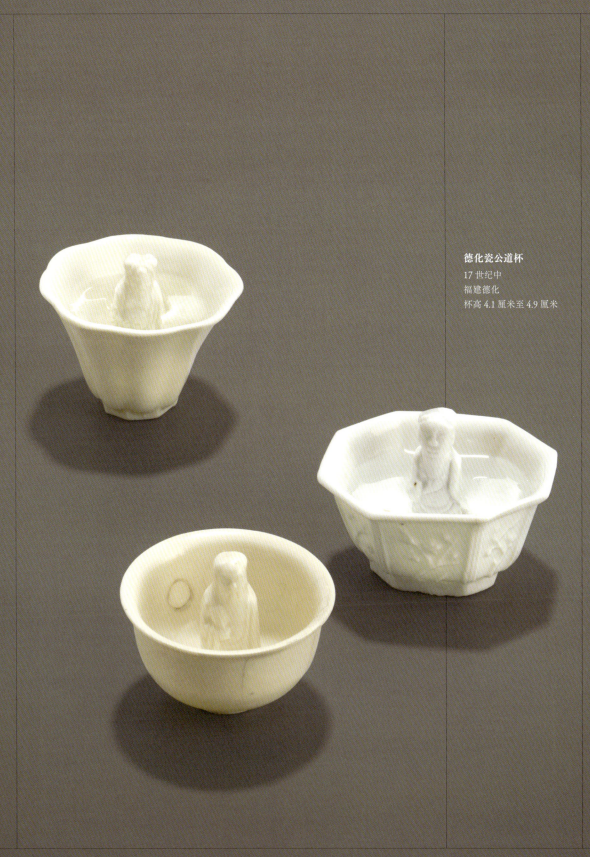

德化瓷公道杯
17 世纪中
福建德化
杯高 4.1 厘米至 4.9 厘米

天生一对

2005年,我们在日内瓦去看鲍尔藏瓷(Collections Baur)时发现了一对精美绝伦的17世纪中国瓷制倒流壶。两把倒流壶的壶身都是桃形、壶嘴和壶把形似桃枝、桃叶。一个是茄紫釉壶身、绿松石釉的壶嘴、壶把。另一个恰恰相反,绿松石釉的壶身,茄紫釉的壶嘴、壶把。[12] 这种绝美的搭配让我们过了好久仍难以忘怀。

四年之后,缅因州的一个小拍卖行上拍了一只漂亮的康熙公道杯。这只公道杯经过三位传奇古董商易手,他们是伦敦的弗兰克·帕特里奇父子(Frank Partridge & Sons)、纽约的艾伦·J.墨彻尔(Allen J. Mercher)以及纽约的拉尔夫·M.蔡特(Ralph M. Chait)。

那只公道杯的照片马上触及了我的回忆,因为那深茄紫色和绿松石色的釉与几年前我们在日内瓦看到的鲍尔藏瓷里的倒流壶如出一辙。这只公道杯的杯身恰恰是茄紫色,杯中的人物除了头部是清釉以外,衣着皆是绿松石色的。杯子被做成荷叶形,背面有叶脉和叶梗,杯底有三个小足,中心是排水孔。

公道杯底的排水孔

万幸的是、无闻小拍卖中的这只公道杯从所有收藏家的眼皮底下溜走了、我们仅仅以比佳士得拍卖行三十八年前多五成的价格就把它买了下来。

　　我们的故事总是有个戏剧性的结尾。第二年、纽约佳士得准备拍卖一把与鲍尔藏倒流壶一模一样的康熙茄紫倒流壶、而且壶把也是绿松石色的。这与我们在缅因州拍到的那只公道杯会不会相配呢？为了保险起见、我让张卫把那只公道杯严严实实地包好后、随身带着飞到了纽约、去佳士得当场比较了一番。毋庸置疑、颜色一模一样，简直是天设一对、地造一双！吃了这颗定心丸后、我当天就飞回了加州。一个星期之后我们即通过电话拍到了这把倒流壶。

瓷制茄紫、绿松石釉的公道杯与倒流壶
清康熙
江西景德镇
杯高 5.3 厘米、
壶高 13.8 厘米

千禧年那阵，乾隆年豆青瓷倒流壶在国内外的市场上并不少见。这种倒流壶从现存的数量上来看在18世纪中晚期一定相当流行。它们都是这种扁桃形壶身往下延伸成圆形外张底座。对应着耳状壶把的是如弯曲桃枝的壶嘴，与壶身相连处点缀有枝蔓花蕾和釉下蓝的桃叶。这种倒流壶最明显的特征就是桃尖处都有一抹深红。我们前前后后买了几把这样的倒流壶，其中最完美的一把是2000年底在远近闻名的上海古董店朵云轩买到的。

2010年春的一个早晨，我们被北京古玩城朋友滕舒翔的一个电话惊醒。"今天我们这儿的停车场有个古董集市，"他兴奋地说，"有只公道杯你们一定不想错过，不过要价很高，你们快过来看看！"我们匆匆赶了过去，果然看到一只半桃形的豆青瓷公道杯，桃尖处的一抹深红，杯中寿老长袍的钴蓝与我们的青瓷倒流壶上的蓝色很接近。毫无疑问，和我们那些豆青釉里红的倒流壶一样，这只杯子也是乾隆时期的。

这只公道杯与我们的青瓷釉里红倒流壶系列简直太相配了。磨了整整一上午后我们才终于与卖主握手成交，双方并不很开心。张卫总爱说："只有当双方都满意或都不满意，这桩买卖才算得上公平。"之后饥肠辘辘的我们叫上滕舒翔心满意足地在古玩城饱餐了一顿满是花椒的宫保鸡丁。

有时候我们在古玩店里看到的益智容器是残缺的，但正是这些残缺的益智容器可以帮助我们看清它们的内部结构与工作原理。不过也有人为了弄清益智容器的内部结构而毁坏了古物，实不可取。下面的故事希望大家引以为戒。

我们收藏了这么多年，从未听说过还有第二只公道杯与我们买到的那只豆青釉里红公道杯是一样的。所以当我们看到报纸上关于2009年9月在扬州博物馆举行的一场会议的照片时，不禁十分惊讶。照片里有一把豆青釉里红倒流壶和相配的一对公道杯，公道杯与我们收藏的很像。报纸说这是博物馆专门请景德镇为每一位与会人员制作的一套仿古倒流壶公道杯的礼品。惊讶之余，我们不禁想知道如果这些是复制品，那么它们参照的原形又是什么样的呢？

2013年，我们从扬州博物馆打听到了制作这些复制品的景德镇陶匠，又从这位陶匠那里得知，他当年是从上海一位有私人博物馆的著名收藏家那儿借来了一只乾隆公道杯作为蓝本的。结果他复制出了外形，却怎么也无法让水从他的复制品里流出来。屡试屡败的他把古董乾隆公道杯锯成了两半一探究竟，以毁坏了一只乾隆公道杯为代价才成功地做出了一批复制品来。很可惜，不然除了我们收藏的这只，世上本应还有一只完整的豆青釉里红公道杯。

瓷制豆青釉里红公道杯与倒流壶
清乾隆
江西景德镇
杯高 5.9 厘米、
壶高 15.3 厘米

除了那只乾隆豆青釉里红公道杯，我们还有许多别样的乾隆青瓷公道杯。在琉璃厂东街的海王村古玩市场买到的那只（下图左）杯沿外卷呈喇叭状、杯中有个身着蓝袍手捧寿桃的寿老。杯内入水口巧妙地隐藏在寿老长袍下摆处，与杯底外部排水孔相连。另外一只（下图右）在北京东北部的亮马古玩市场买到，杯沿呈荷叶状，背面还有叶脉，裂纹处有两个铜锔钉。

这两只公道杯是我们艺智堂青瓷公道杯系列收藏的开端。它们杯内都有一个身着蓝袍的寿老，但杯沿的形式却多种多样、异彩纷呈。有四、六、八边形的；有三瓣、四瓣、五瓣、六瓣形的；有四卷瓣、六卷瓣形的。我俩被这些公道杯的几何图形迷住，只要看到一种新形状就忍不住要买下来，目前只缺五边形和七边形的了。

【右页图】
青瓷蓝釉公道杯顶视图
清乾隆
江西景德镇
杯高 5.5 厘米至 6.5 厘米

青瓷蓝釉公道杯
清乾隆
江西景德镇
杯高 5.8 厘米、5.7 厘米

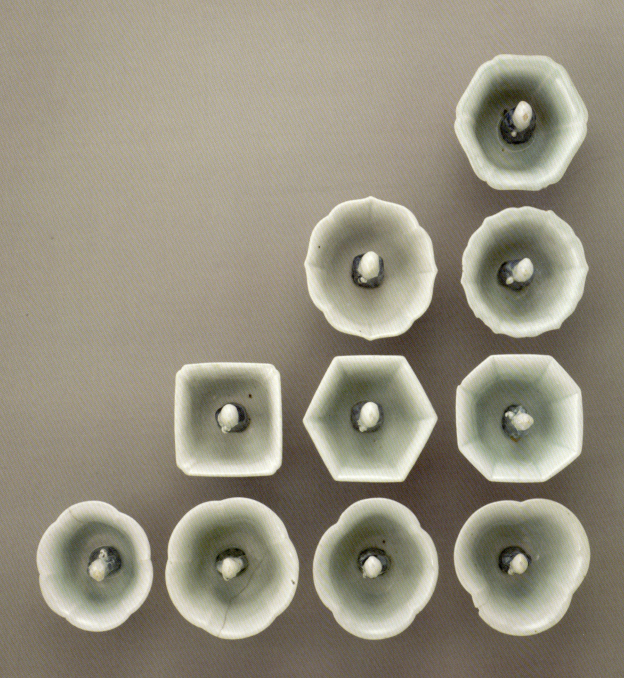

在中国各地，我们还购得了不少乾隆白底釉下蓝公道杯。把这些青花公道杯摆放在一起时，它们就像一家人，既长得十分相似又有各自的性格特征。其中有的画有菊花，有的画有牡丹；有的纯白，有的杯子内缘带一圈蓝色条纹。每只杯子里都有一个手捧寿桃的白色模塑寿老，有的寿老连眼睛和眉毛也用蓝色勾画出来。还有的是杯身镂雕釉烧、带有半透明亮孔的米花玲珑瓷。张卫最喜欢的则是一只与众不同的略高的钟形杯，上面有棵飘逸的柳树。青花瓷公道杯在我们收藏伊始时价格适中，比较常见。到了2012年，我们为了买个青花瓷公道杯把两人的口袋都掏空了。

青花瓷公道杯
清乾隆
江西景德镇
杯高5.5厘米至6.4厘米

有趣的是，我们在欧洲等地淘到的一些公道杯从大小到形状都与青花公道杯相似，但从图案到画法都变了，而且上面都施有粉彩釉或描金，有的甚至直接把金描在传统釉下蓝图案之上，将其覆盖。欧洲人在中国青花瓷上施彩釉来提高售价的做法可以追溯到18世纪初，但也不排除我们的这些杯子是在中国画好后出口到西方的。无论如何，相比中国人素雅的审美，欧洲人似乎更喜欢艳丽的色调。怪不得刘念在拍摄时笑出声来，说中国内销青花公道杯里的寿老个个洁白无瑕似雪人，而外销杯子里的寿老被上了彩，摇身一变不是成了耶稣就是圣诞老人。

【左】
青花瓷公道杯
清乾隆
江西景德镇
杯高 6.4 厘米

【右】
**青花瓷上描了金的
外销公道杯**
19 世纪中叶
江西景德镇
杯高 5 厘米

粉彩瓷外销公道杯
19 世纪中叶
江西景德镇
杯高 6.1 厘米至 6.5 厘米

瓷器的缺陷美

过去,没有强力环氧树脂和万能胶,瓷器修理只能靠锔瓷匠们。锔瓷匠挑着工具走街串巷,人们听见他们独特的吆喝便纷纷把家里破碎了的陶瓷器拿出来,只需几个小钱就能修补好。锔瓷匠先把破损的碎片对茬固定,用手工钻在接缝两边钻出成对孔槽,然后将手工制作的锔钉嵌入孔槽,最后用特制的白色灰膏擦拭抹平。若边缘部分有碎片缺失,锔瓷匠则会把圆形金属薄片按照原碎片的厚度折叠出一块替代碎片,并用锔钉固定。日久天长,接缝、锔钉、补丁和油灰变暗,与古董物件融为一体。由于瓷器的硬度很大,很难钻孔,因此民间有"没有金刚钻,别揽瓷器活"的说法。

淘宝初期,我们看到破损或修复过的物件都会摇摇头走过去,觉得可惜,物件破了相当于跌了身价。直到我们在山西太原看到一把豆青倒流瓷壶,立刻改变了想法。这把倒流壶几乎整面都被摔破,锔瓷匠沿着那圈裂痕足足锔了三十六个锔钉,看起来简直就像我儿时玩的棒球或垒球上的缝线!拥有残缺美的倒流壶除了制作它的陶瓷匠、用过它的前主人,还有修补过它的锔瓷匠的历史信息,不用说,我们欢欢喜喜地把它抱回了家。我们另外一个补丁之最也是在山西太原买到的。这只青花公道杯残破得很厉害,除了蜘蛛网般的裂痕上的二十一个锔钉,还有两片替代残缺瓷片的薄金属片。我不禁感慨,古人做事更用心,一只碎成这样的小杯子也值得他们花这么多工夫去把它拼

中国锔瓷匠在碗上钻孔
约 1920 年
上海

起来。相比之下,今天的社会被质量低劣的一次性用品充斥,人们很少花精力去做好一件东西,东西坏了就扔。前些年还能在偏远地区看到零星几个补锅换底匠,现在整个修补行业都已全面衰败了。

**修复过的瓷制
豆青釉里红倒流壶**
清乾隆
江西景德镇
高 15.5 厘米

修复过的青花瓷公道杯
清乾隆
江西景德镇
杯高 6.5 厘米

宜兴紫砂公道杯

江苏太湖西岸的宜兴是中国著名的陶都，尤以紫砂茶壶闻名于世。宜兴生产茶具的历史可以追溯到宋代，在明清时期达到顶峰，深受社会各个阶层的喜爱。宜兴陶器是用当地陶土烧制的，颜色从浅棕褐色到紫褐色都有，传统上是不上釉的。从古至今，宜兴艺术家们以擅长将自然形式融入他们的设计而闻名。

1999 年秋，一位年轻人带着两只家传的宜兴公道杯来上海酒店找我们。大一点的那只为半桃形，赭黄底色，桃尖部位喷了红色，里面是手持仙桃、袒胸露肚的汉钟离。杯子不仅雕刻精美生动，而且底座由花生、蚕豆与白果组成，让人爱不释手。

宜兴紫砂桃形公道杯
19 世纪末
江苏宜兴
杯高 4.5 厘米
直径 10.3 厘米

另一只杯子较小，里外挂满了冰裂的灰釉。杯里的人物抽象模糊，但我们仍能从发髻、长袍中敞露的肚皮和手上的仙桃判断出这是汉钟离。杯子的底座矮小，拿起杯子能清楚地看到底座那圈宜兴紫砂胎。

由于价格没谈拢，我们先买了挂釉的小杯子，第二年才终于把一直惦记着的大杯子纳入艺智堂收藏。依稀记得年轻人说他舅舅曾写过一本关于公道杯的书，北京拍卖会上也曾列出过他父亲的一只黄铜公道杯。这两只宜兴杯子都很特别，我们很想知道他家里与公道杯的故事，可惜后来几次与他联系未果，这个年轻人就像第一次神秘地出现在我们面前那样，又神秘地从我们的生活中消失了。

宜兴紫砂青灰釉公道杯
19 世纪
江苏宜兴
杯高 4.7 厘米
直径 8.3 厘米

「拈轻掇重」

佳士得拍卖行在伦敦圣詹姆斯区国王街 8 号的总部已有近两百年的历史了。1975 至 2017 年间，佳士得在南肯辛顿开设了第二个营业点。相比总部，古玩商和收藏家们在这儿更容易淘到物美价廉的宝贝。因此我们去伦敦的计划总是尽量配合"南肯"的中国古玩艺术品的拍卖时间。

2001 年 6 月，我们在那里购得了一对不寻常的青铜公道杯。深棕色的杯子很沉，一只里面铸造了手持拂尘的吕洞宾，另一只则是手提花篮的蓝采和。杯子外部为带卷纹的六个板面。佳士得的目录将这两只杯子定为 17 世纪。

2005 年，我们在利物浦博物馆策展人艾玛·马丁（Emma Martin）和顾问埃尔登·沃绕（Eldon Worrall）的带领下在博物馆的仓库里看到了一套完整的八仙青铜公道杯。藏品的文件中有一封 1955 年来自大英博物馆东方文物部助理保管威廉·沃森（William Watson）的信：

> 谢谢你的照片。我从未见过此类物件，故不知如何评论才好。但我可以断言物件并非古物，没有太高价值且不会引起太多人的兴趣。杯中人物没有我认为八仙应有的某些特征，粗糙的浇铸、杯子的形态皆不符合旧式造型……我更倾向于认为杯子和人物是仿制的——兴许是给沉迷于搜集古物的中国人或欧洲人的——可能是在近期制作的；且他们与道教或其他传说并没什么密切联系。

青铜制公道杯
20 世纪
杯高 5.1 厘米

管它是新是旧，我们的青铜公道杯——一共有六个——把玩起来很有趣，而且谢天谢地，相比我们那些战战兢兢拿在手里的娇贵公道杯，这几只随便玩，砸都砸不烂！

　　过后不久，我们又在佳士得南肯辛顿买到了另外一只公道杯。相比青铜公道杯，这一只公道杯薄胎半透明、吹弹可破、上满了鲜亮的粉彩釉。杯中人物身着氅衣、头戴兜巾；淡绿长袖从扬起的手臂垂下，一只捧着书的纤纤玉手雕琢得如此精细，以至于每根手指头都看得清清楚楚。杯口描金、内沿绘有一圈花卉和卷纹，杯子外面画的是庭院中的才子佳人。马钱特帮我们竞拍时居然没有对手——不知是否因为杯沿有处曾修补过——最后以低于"南肯"的底价拿下。我们稍感内疚，因为马钱特从这一交易中获得的佣金仅为30英镑。

粉彩瓷观音公道杯
乾隆晚期至嘉庆年间
江西景德镇
杯高 5.3 厘米

已知最古老的公道杯

2012 年,考古学家们在克罗地亚东部维科奇(Vinkovci)镇中心有重大的考古发现。在一个服装店的建筑工地上,他们发掘出了 45 件 4 世纪罗马时期的银制餐具。最令人瞩目的是一件银器的散件。后来,人们惊喜地发现,这个散件居然是世上已知最古老的公道杯。[13]

这是只银镀金的半球状短足杯子,虽然腐蚀严重,但是通过射线成像,考古学家们辨析出了内壁上的海洋生物纹样,证明此杯与水有关。环状饰纹下方刻的拉丁文"AVARI DESCRIBVNTVR QVOS CIRCVMFLVIT, VSVS BONORVM SED NIHIL POSSVNT",出自古罗马寓言家菲德洛斯(Phaedrus)关于坦塔罗斯(Tantalus)受罚的诗句。[14] 骄横放肆的坦塔罗斯因犯下不可饶恕的罪过被打入地狱,囚禁在一池深水中间。当他渴极了想要低头饮水时,嘴边的水就会退却;当他饿极了想要摘果实充饥时,头上挂满了果实的树枝便会被大风吹开。坦塔罗斯因此生活在永恒的恐惧之中。拉丁文大意为:"被富足环绕,却不能享用,是贪婪的下场。"有意思的是,这与中国公道杯的寓意"满招损,谦受益"有异曲同工之妙。

杯底刻有"ANTONINVS FECIT AQUIL",表明这只杯子是银匠安敦宁(Antoninus)在意大利北部的古罗马阿奎莱亚镇(Aquileia)为 480 公里以东的维科奇富有的客户制作的。[15]

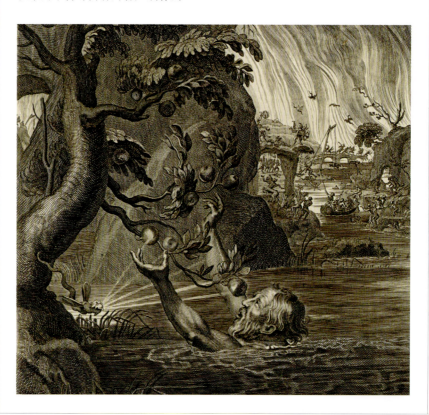

"坦塔罗斯的折磨"
伯纳德·皮卡
(Bernard Picart)
1733 年
蚀刻 25.2 厘米 × 17.9 厘米
荷兰国立博物馆

银制坦塔罗斯杯
公元 4 世纪
意大利阿奎莱亚
杯高 8.3 厘米
维科奇市博物馆

刻在杯中的文字为解码杯子的功能起了决定性的作用。杯中空心的雕塑，象征着坐在岩石上的坦塔罗斯，右手做舀水状。那么如何体现出坦塔罗斯一舀水水就退却的效果呢？聪明的银匠在雕塑中间安了根金属管，其中一头直通杯底。水会通过岩石与杯子相接处的三个洞流进空心雕塑，并在水注到一定高度时进到那根金属管，然后从杯底流尽。工作人员为了验证效果，做了一只一模一样的杯子。果不其然，当水面马上要触到坦塔罗斯的手的时候，杯中的水因为虹吸原理全都流了出来。[16]

看来西方的坦塔罗斯杯与中国的公道杯不仅工作原理一样，而且都用自己的文化诠释了贪婪最终使人一无所有的道德观念。这只杯子目前正在克罗地亚萨格勒布的考古博物馆修复，之后将回到维科奇，在当地的城市博物馆展出。

罗马帝国时期埃及亚历山大的希腊著名数学家、机械学家希罗（Heron，公元 10–70）曾在他的著作《气动力学》（Pneumatica）中描述了一个有"当水注到一定高度就会完全排出"的内置虹吸的容器。[17] 多少个世纪以来，希罗书中的容器慢慢被称为坦塔罗斯杯，[18] 有时甚至连内有菩萨的中国的公道杯也被西方人称为坦塔罗斯杯，[19] 但是从未有过哪只杯子里有坦塔罗斯雕塑的记载。还好这只杯子姗姗来迟的出土终于证明了"坦塔罗斯杯"这个名字并非空穴来风。

公道杯 201

古今中外的公道杯

2003年，我们在浙江临海市博物馆看到了一件镇馆之宝——一只宋末元初、来自浙江名窑龙泉窑的青瓷公道杯。[20] 这只杯子口外撇、弧腹、圈足、内有一寿老。杯腹上部刻弦纹二条，下部刻菊瓣纹，全杯施豆青色釉。已退休的文物专家金祖明告诉我们："1972年农民犁地时挖到一口郑姓官员或文人的棺材。打开棺材后他从里面拿了三件龙泉青瓷给我，我转手上交了博物馆。"

之后在杭州，我们见到了南宋官窑博物馆名誉馆长朱伯谦先生。他告诉我们："临海公道杯大概来自龙泉大窑。那里的山脚下有条河，60多个窑址沿河两岸分布，长达五公里。瓷器上的红色是氧化铁，是所有龙泉瓷的典型特征。我见过一些杯底有孔的残件，可能是公道杯，但这是我见过的唯一完整的龙泉公道杯。"

其他藏有公道杯的中国博物馆分别是故宫、浙江省博物馆、温州博物馆、烟台市博物馆、江西省博物馆、河北民俗博物馆、贵州省博物馆和甘肃省临洮县博物馆。

伦敦的博物馆有两只明代万历时期的公道杯。一只是五彩公道杯，在大英博物馆的斐西瓦乐·大维德收藏（Percival David Collection），杯中的人物是一位釉下蓝、釉上珐琅彩的持扇仕女。另一只是青花瓷的，杯中也有同样装束的仕女，藏于维多利亚和阿尔伯特博物馆。利物浦博物馆和格拉斯哥的伯勒尔收藏（Burrell Collection）也有几只公道杯。此外德累斯顿瓷器收藏馆有一对日本有田瓷制碗状公道杯。

以下博物馆都藏有17世纪的德化瓷公道杯，但不是所有的都公开展出：故宫博物院、福建博物院、上海博物馆、南京博物院、新加坡亚洲文明博物馆、大英博物馆、苏格兰皇家博物馆、丹麦国家博物馆、蒙特利尔美术博物馆、德累斯顿瓷器收藏馆、荷兰格罗宁根博物馆（Groninger Museum）以及荷兰吕伐登的王妃庭院国家陶瓷博物馆。

另外，现今希腊的萨摩斯岛上的陶工还在制作一种叫作"毕达哥拉斯杯"的高脚杯状公道杯卖给游客做纪念品。但没有证据表明那位出生在萨摩斯的希腊著名数学家和哲学家毕达哥拉斯（约公元前570–约前500）与这种杯子的发明有任何关系。

在中国西安的各大旅游景点或相关的网店上，经常能见到廉价的龙头公道杯纪念品。虽然杯中的人物塑像已被龙头取代，但是公道杯的功能是不变的。大家可以买来一试，也许可以借公道杯发现朋友中谁是贪心的那一个！

龙泉青瓷公道杯
宋末至元初
浙江龙泉
通高6.7厘米
临海市博物馆

那么大家是否好奇公道杯的原理是什么呢？

1. 空杯以及杯中寿老塑像的横切面。寿老内部的空管子一端连接杯底出水口，另一端几乎延伸到寿老的顶部。寿老足部有个很小的入水口。

2. 酒通过入水口进入寿老的空腔，一直快漫到顶部，寿老内外水平面持平。此时盛了大半杯酒，酒却不会流出。

3. 继续盛酒，寿老空腔内的酒随之持续上升。几乎满杯时，酒没过管口，在虹吸原理的作用下，酒持续从管子底部流出。

4. 整杯的酒通过寿老内部的管子流光。

公道杯的原理

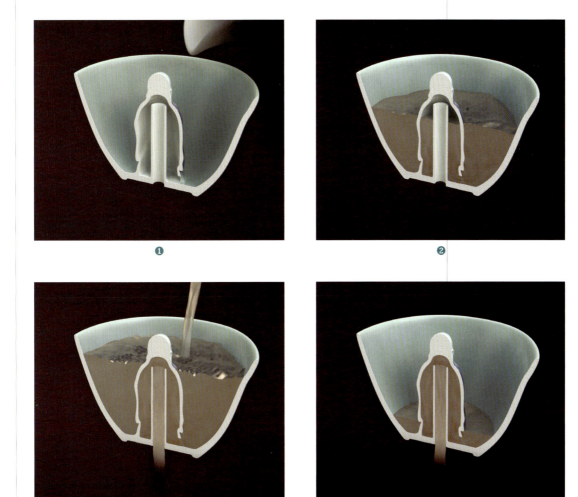

价值连城的秘密

1999年10月的一天，我们正与北京古玩城三楼的一位店主聊天，进来一位王先生，还没坐稳就拿出来个红绸包裹。店主起身介绍，说这位是他母亲的同乡，来自河北易县。众所周知，易县是清西陵的所在地。那里埋葬了四位清代的皇帝，九位皇后及众多的妃嫔、亲王和公主。王先生话不多，解开红绸，我们的眼珠子几乎瞬间弹了出去！一只白玉杯——里面有个寿老！老天爷啊，难道这是一只公道杯？！

我们用最挑剔的眼光审视着这只漂亮的玉杯。它似一口倒置的钟，杯口外撇，杯座矮短，腰部有一圈凸出的圆棱环。杯中寿老额头高高隆起，一手捧着大寿桃，一手拄着挂有葫芦的龙头杖。光照向半透明的玉杯壁时，可以看到寿老长袍下有个小孔。杯子的底座中间是个小钱币，中间的方孔即为流水孔，钱币周围赫然刻着"中和堂制"。中和堂可是那传说中圆明园内康熙的宫苑？我们的心怦怦跳了起来。

说实话，玉制的公道杯我们当时从未见过。王先生见我们半信半疑，拿水灌杯，水快满杯时，一股清流从杯底方孔流出，果然是只真正的公道杯！可这杯子怎么看都像是用一整块玉雕刻而成的。不通过组装，公道杯里有虹吸作用的管子是如何装进去的呢？难道是雕出来的？那简直是天方夜谭，根本不可能是一块玉雕出来的。王先生一脸的不容置疑，发狠道："你要不信我就打碎了它给你看！"这一切来得太突然，真真假假，我们有太多疑问，但这杯子实在是特殊，一时间我们不知如何应对。王先生继续说道："你可知这杯子的来历！它可是鹿传霖的旧藏，他们家'文革'期间没保得住这只杯子，杯子流落民间后几经周折到我手里。"[21]

后来我们从店主的母亲那里了解到，王先生说服了一位粮食商人，若买下这只罕见的玉杯，将来回报率极高。那位商人凑钱买下，当然无意收藏。五年过去，王先生还没能找到满意的下家，那商人借的钱光利息就付了五年，两人都闹得不开心。王先生自己还跟我们说，北京市文物公司兼北京瀚海拍卖的总经理秦公出价十万块要买，却因价没谈拢，被那商人一口回绝了。瀚海拍卖在东琉璃厂，正好在我们的酒店边上，我和张卫干脆拿着照片去探虚实。谁知秦公一看到照片上熟悉的裹着红绸的玉杯扭头就走，撂下一句："不好！不好！"秦公是什么意思呢？是说东西不好、人不好、买卖不好，还是整件事情让他不愉快？几个月后秦公突然离世，我们再也无法向他验证，见过此杯的几位专家也各执一词，年代无法定论。无论如何，这只玉杯制作极其精美，我和张卫都希望纳入我们的收藏。经过两年多的拉锯谈判，我们最终以勉强可以忍受的价格买了下来。

经过仔细考证，我们确认这只杯子是由一整块玉雕出来的，而且总算琢磨出了杯子在不被凿开的情况下是如何被做成公道杯的。那么管子是用什么巧妙的方法放置进去的呢？这个秘密将留在我们的玉制公道杯中。

【右页图】
玉雕公道杯
杯高8.1厘米

注　释

1. 李民、王健:《尚书译注》，上海：上海古籍出版社，2000年，第34页。
2. 冯先铭:《中国古陶瓷图典》，北京：文物出版社，1998年，第159页。
3. 我们知道另外三只有一模一样的题词的类似公道杯：一只在1999年被瀚海拍卖卖出，另一只是在2002年出土于一座四川明末的墓葬，第三只于2014年6月由北京保利国际拍卖有限公司拍卖。
4. ［明］王世懋:《王奉常集》卷二十三，第3页。
5. 欹器被认为是古人用以农业灌溉的器物。其特殊的结构可以自主保持均衡的低流量。人们因欹器的寓意而将其放置在座位右侧，来警示自己不可骄傲自满。因此它又被称为座右之器。末代皇帝溥仪曾经写道，他的祖父奕譞在自己的"书斋里条几上摆着'欹器'，刻着'满招损，谦受益'的铭言"。参见爱新觉罗·溥仪:《我的前半生》，北京：东方出版社，1999年，第9页。
6. ［西汉］韩婴:《韩诗外传》卷三，北京：中华书局，1980年，第114–115页。这是一本汇集趣闻逸事、道德说教、伦理规范以及人生忠告等不同内容的书，一般每条都以《诗经》中的一句作结论，以支持编著者观点。
7. ［明］郭良翰:《问奇类林》卷三十三，《嗜好》。
8. Rose Kerr and John Ayers, *Blanc de Chine: Porcelain from Dehua* (Chicago: Art Media Resources, 2002), cat. no. 117.
9. ［清］陈浏:《匋雅》，1910年，第57页b。
10. P.J. 唐纳利（P.J. Donnelly, 1978年去世）是一位对中国德化白瓷情有独钟的英国收藏家，他的《中国白瓷》是相关研究的开创之作。可惜书中重复了陈浏将公道杯中的人物误认为陆鸿渐的错误，因此误导了许多书籍和图录中对此的介绍。很明显唐纳利并不知道陆鸿渐为何人，因为他将茶圣陆羽误认为是"一个16世纪的著有历代名瓷的书的作者，其真名是项元汴子京"。
11. 《匋雅》，第95页。唐纳利书中的又一个错误是，他将杜甫的《饮中八仙歌》误写为饮中著《八仙歌》。
12. John Ayers, *Chinese Ceramics in the Baur Collection*, vol. 1 (Geneva: Collections Baur, 1999), p. 179.
13. Hrvoje Vulić, Damir Doračić, Richard Hobbs and Janet Lang, "The Vinkovci Treasure of Late Roman Silver Plate: Preliminary report," *Journal of Roman Archaeology* 30 (2017), pp. 127–150; Richard Hobbs, "Drinking Trick," *British Museum Magazine*, Winter 2018, pp. 34–35.
14. 菲德洛斯是公元1世纪罗马的寓言家，是第一位将《伊索寓言》汇编成拉丁诗句的人。
15. 据推测，这个银制坦塔罗斯杯是罗马皇帝瓦伦提尼安一世（Valentinian I, 321–375）和他兄弟皇帝瓦伦斯（Valens, 328–378）拥有的，他们出生于维科奇。
16. 实际上安敦宁在杯子设计上更胜一筹。此杯底部是个圆盘，上有一圈共十个排水孔，液体可分流到十处。若只有一个排水孔，宾客只需用手指将其摁住就可以轻松阻止液体流出。但有十个孔的公道杯，水流出来时，客人纵有三头六臂也堵不住！
17. Bennet Woodcroft, trans., *The Pneumatics of Hero of Alexandria* (London: Taylor Walton and Maberly, 1851), p. 27.
18. 实例之一：Antoine Arnauld and Pierre Nicole, *La logique, ou L'art de penser*, pt.4 (Paris: Savreux, 1664), p.395. 有关"坦塔罗斯杯"名称的派生，请参阅 Gerhard Ulrich Anthony Vieth, *The Pleasing Preceptor; or Familiar Instructions in Natural History and Physics* (London: G. and J. Robinson, 1801), p. 119："此杯中间有个男子，内有一个高度恰好的虹吸管。水刚要漫到男子嘴边，虹吸管便会起作用，排空容器。坦塔罗斯杯的名字由此而来。"
19. A.W. Franks, *Catalogue of a Collection of Oriental Porcelain and Pottery* (London: George E. Eyre and Willian Spottiswoode, 1878), p. 112. 萨克森选帝侯和波兰国王，强壮的奥古斯特的德化公道杯在此书中被冠以"Tantalus Cup"（坦塔罗斯杯）之名。
20. 朱伯谦:《龙泉窑青瓷》，台北：艺术家出版社，1998年，第221页。
21. 鹿传霖（1836–1910），清末大臣、著名学者，生于河北定兴望族，距离这一玉公道杯卖家所在的易县不远。鹿传霖与国民革命军将领鹿钟麟（1884–1966）同宗。1924年11月5日，鹿钟麟奉命将逊帝爱新觉罗·溥仪（1906–1967）驱逐出紫禁城，并查封了宫中藏品。第二年，故宫博物院成立。鹿钟麟逝于1966年，我们无从了解这只玉公道杯是否曾真正属于鹿家。

浮水杯

Float Cups

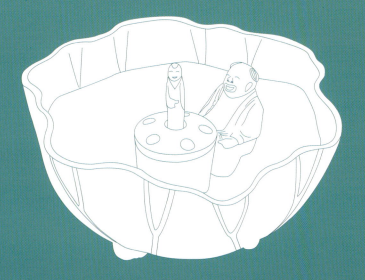

水涨船高,泥多佛大。[1]

——［南宋］释普济

浮水杯

有一种与公道杯极为相似的杯子,里面也有一个站立的人物,通常也是寿老。但莫要与公道杯相混淆,因为这种杯子的杯底没有洞,酒水也无法外泄。还有,这种杯子里的人物可以活动,不像公道杯里的人物被固定在了杯底。

然而杯底有个半球形罩被固定住,罩底和酒杯相接处有间隙。罩顶中央有个圆孔,里面冒出个小人儿的头顶来。向杯中注酒水时,杯中人物因浮力缓缓上升,最后直立在杯子中央。当杯中酒水被饮尽时,那人物便又回到杯底。我们称这种杯子为"浮水杯"。

专家认为,浮水杯与饮酒作乐有关,因此也有人称它为"酒令杯"。20世纪20年代许之衡在他所著的《饮流斋说瓷》中是这样介绍酒令杯的:

> 酒令杯者,于杯内作人形,略似不倒翁状,一瓷罩覆之,中有圆孔,恰能露其顶。注酒满则人形浮出,无酒则否,盖视人形之向对,以为行酒令之用也。[2]

上海博物馆副馆长汪庆正(1931-2005)对酒令杯的解释有所不同:

> 向杯子注酒时,酒会通过(瓷罩的)间隙进入杯子而转动杯中人物。转动停止时,杯中人物面对者就要喝酒或做令。[3]

另一位陶瓷专家告诉我们:"当酒倒入杯中时,杯中人物开始转动。当人物完全浮出时,人物面对着谁谁就得喝酒。当然这只是口头传说,并没有史料记载。"

我们收藏了不少浮水杯，测试早至明清时期的浮水杯时却得出不同的结论。我们发现杯中人物的朝向在杯子是空着的时候就可以看得一清二楚，而且在杯子被注入酒水时除了会有些歪斜，它并不会自己转动。当杯子被注满酒水时，浮到顶端的杯中人物面朝的方向总是和空杯时面朝的方向一致。

2007年5月，我们带着疑问去故宫博物院著名的古陶瓷鉴定专家耿宝昌那儿寻找答案。耿先生告诉我们，浮水杯的目的是"向宾主展示宾客们的杯子中的酒量"。我们相信这是一个更合理的解释。想象一下高朋满座的酒宴，每个人手里的浮水杯都倒满了酒，浮到圆罩子顶端的杯中人直直地站着。主人敬酒大家同时干杯，放下杯子之后，如果杯中人缩回到杯底只露出个头来，说明喝酒的人痛快，一饮而尽。如果杯中人不上不下还露出半截来，那么饮酒的客人就打了折扣，只喝了半杯。当然，如果杯中人几乎没动，还在那儿直挺挺地站着，那么客人肯定只抿了一小口。如此一来，众人岂能饶他？定罚他而后快！

那年晚些时候，我们还去了景德镇陶瓷学院，与瓷器历史学家熊寥一起聊酒具中的智巧物品。熊教授对我们的研究非常感兴趣，还直言不讳："据我所知，并没有任何专门研究益智容器的著作。连这些益智容器的名称都是各说各的。至于它们的用途和有关的传说，那只是大家的推测或想象。别跑东跑西到处问什么专家了——你自己就是专家！在中国，这些问题我们问你还差不多。"

粉彩瓷浮水杯
约1850年
江西景德镇
杯高5.8厘米

机不可失，时不再来

2001年2月，我们到了香港，一位朋友让我们去看看荷李活道上一家古玩店里的"有趣的杯子"。这只杯子放置在店中的一个展柜里，从背后打的灯光使得上有微蓝釉裂的薄胎通体透亮。标签显示："青白瓷，南宋至元初"。店主取出杯子，容许我们捧着细细观赏。杯子像朵三十二瓣菊花，底座短而直。杯子中央有个空心的模制圆罩，里面是一个瘦长的人物。当我们问起杯子锋利的边缘时，店主解释说这个杯子可能是从未使用过的随葬品。当时我们已经拥有了几只清代浮水杯，当然非常愿意在这个系列中添加一个年代更久远的藏品。但我们缺乏经验，在评估昂贵的古瓷器时没有把握，三思之后，我们选择了放弃。

两年后，我们在纽约市一家昂贵的中国古玩瓷器店看到了同样的杯子。价格翻了一倍多不说，杯子底座还被人钻了两个丑陋的洞，为热释光分析提供采样！我们看了权威机构的检验报告，证明杯子最后一次烧制与宋朝年代相吻合。看着这只完整性被破坏了的宋代浮水杯，我们沮丧至极。在随后的几年里，国际拍卖市场上又出现了几款类似的宋代浮水杯，竞价价格是长江后浪推前浪，不知翻了多少倍，我们只能望洋兴叹。如今我们对填补收藏中的这一空白几乎不再抱幻想，除非幸运之神没有被我们当年的犹豫所冒犯，能再给我们一次机会。

青白瓷浮水杯
南宋末至元初
江西景德镇
直径 11.5 厘米

荷叶形青花瓷浮水杯
明崇祯
江西景德镇
杯高 4.4 厘米

明代浮水杯

　　17、18 世纪，英国和欧洲大陆掀起了一股中国瓷器热，大量瓷器源源不断地从广州运往欧洲。即使现在，伦敦的拍卖行和古玩商仍然有着充足的货源，因此收藏家们个个密切关注着市场上的一举一动。自从 1999 年第一次走进理查德与斯图尔特·马钱特的伦敦古董店，二十年来我们一直是这里的常客。马钱特的古董店位于伦敦诺丁山门（Notting Hill Gate）附近的肯辛顿教堂街，周围的许多古玩店中有几家的中国古董也不少。

　　这个明代青花浮水杯就是从马钱特邻居的店里购得的。杯身由三个矮足支撑，似被收拢了的荷叶，外部有釉下蓝画的叶脉。1643 至 1646 年间有艘中国商船在中国南海沉没，其船骸中的中国瓷器在 1983 年被迈克尔·哈彻船长打捞上来。这批瓷器中有一对杯子与我们这只一模一样。1984 年，那对杯子在轰动一时的阿姆斯特丹佳士得哈彻瓷器拍卖会上被拍卖。[4] 除此之外，相类似的明代浮水杯还能在荷兰阿姆斯特丹的国立博物馆内找到，而且他们早在 1875 年就将其纳入了收藏。[5]

寿老及八仙青花瓷浮水杯
约 1640 至 1645 年
江西景德镇
杯高 6.5 厘米、5.5 厘米

  张卫还在肯辛顿教堂街的另一家古玩店里看到了一只与众不同的青花瓷荷叶浮水杯，是哈彻船长打捞上来的那批货物之一。杯子的圆罩被巧妙地做成有九个蜂窝状孔洞的莲蓬，不仅中央有个寿老，还连带着围成一圈的八仙从莲蓬孔里一齐钻出来，太惹人喜爱了！张卫当即决定购买，但居然碰到一个不愿做买卖的店主，说这个杯子太有趣，已经送给他十岁的儿子了！也许店主是为了培养儿子对古董的兴趣，将来好做接班人吧。想想现在他的儿子也该有三十岁了，不知那只杯子现在的命运到底如何呢？

  我们一直念念不忘那只杯子，总算有一天等到了从别处购买的机会，而且这一对也是"哈彻货物"！如收拢荷叶般的杯形、蓝色内壁里的白色叶脉、浮上浮下的八仙和寿老（其中一只杯子里的寿老缺失），怎么看都看不厌。杯子分别题有"道逢麴车口流涎、恨不移封向酒泉"[6]，及"万事不如杯在手，一生几见月当头"[7]。没有比这更合适的古诗作为酒杯的题词了。

浮水杯　217

2002年5月，阿姆斯特丹佳士得拍卖会出现了一只不寻常的浮水杯。拍卖目录将其称为"晚明青花锭状惊喜杯（surprise cup）"。[8] 从佳士得发给我们的图片上来看，杯子两面都绘有荷花，内缘画有一圈叶状装饰，一个比火柴棍大不了多少的小人儿从圆罩的圈孔内露出头来。斯图尔特·马钱特在拍卖预览中检查了杯子，告知我们这可是个极为罕见的物件，年代约在1630年。我们以合理的价格赢得了"惊喜杯"的拍卖。但是真正的惊喜则到了夏天去伦敦马钱特古董店取杯子时才发现——张卫一眼就看出来杯子的形状是艘船而不是图录上所说的锭状。你看那杯子稍窄的那头绘有波浪纹，是船头，更方的那头绘有舵，是船尾，毫无疑问，这就是艘船！

船形青花瓷浮水杯
约1630年
江西景德镇
杯高3.6厘米

船头破浪、船尾有舵

浮水杯

清代浮水杯

　　浮水杯晚清时期在国内外都很流行。我们在伦敦、洛杉矶和北京都买到过 19 世纪的浮水杯。这些杯子大小形状都很相似，杯身都比较直，杯沿都描金，足圈都是又窄又细。绘图以粉彩为主，主题各不相同，有的杯口内壁有花纹。杯中人物大多是寿老，圆罩孔周围有一圈如意纹；杯中人物偶尔也有女性。我们所知的藏有清代浮水杯的博物馆是美国马萨诸塞州塞勒姆市的皮博迪埃塞克斯博物馆。

粉彩瓷浮水杯
19 世纪
江西景德镇
杯高 6.4 厘米至 6.6 厘米

浮水杯的工作原理

2001年,我们在中国瓷器之都江西景德镇的一次早期旅行中遇到了一位姓陈的小伙子。小陈和妻子是当地人,雇了各种当地工匠制作高仿古瓷。那些瓷器的制作过程漫长而复杂,每个步骤都由有相关技艺的工匠把关。我们遇到小陈时,他碰巧正按照国外拍卖图录仿制清代浮水杯。浮水杯做到了最后一步,尚未组装。小陈坚持把这一套三件送给我们,作为答谢,我们回到加州后给他寄了一堆苏富比和佳士得的拍卖图录。

尽管小陈的杯子组件的比例不恰当,但它们却能很清楚地展示浮水杯的秘密。原来杯中的人物固定在脚下的空心瓷球上,薄壳瓷球的浮力足以支撑寿老的重量。当杯子被注满酒水时,浮力将瓷球顶到圆罩顶端,从而确保了圆孔内钻出来的人物保持直立站姿。

浮水杯的三个组件:
杯子、半圆罩、浮球和人物

浮水公道杯

1991年，时任南京博物院院长的梁白泉先生在他的《宜兴紫砂》一书中展示了藏于南京博物院的一只罕见的清代杯子。[9] 这是一只道光年间的宜兴紫砂杯，似收拢了的六瓣荷叶的杯身挂绿松石色釉，表面有红蓝等彩釉图绘，有三只蓝色莲子状杯托。杯中有个身着蓝袍袒胸露肚的笑面人物，长袍下面有个连接杯外出水口的小孔。这显然是只公道杯，如上一章节所述，将杯子倒满水时，水会流尽。

有意思的是，人物的面前还有个黄色的小矮圆桶罩，绘成莲蓬状。小矮桶罩中央有个小圆孔，罩底与杯底相连，相连处露有三个小孔隙。藏在桶罩里面的是一个瘦小人儿，站在一个浮球上。酒水被倒入杯中时，会通过罩底与杯底相连处的小孔隙渗入小矮桶罩，里面的小人儿遂徐徐地从矮桶罩的小圆孔里冒出来，所以这不仅是个公道杯，还是个浮水杯！我们把这种罕见的公道杯叫作"浮水公道杯"。有意思的是，当小人儿完全冒出来后，若继续贪心地往杯中倒酒水，浮水公道杯便会一边"公道"地让整杯酒水通过杯底的小孔流得一干二净，一边让浮起来的小人儿慢慢缩回到小矮桶里去，真是妙不可言！我们不禁遐想什么样的人家曾经拥有这样一只精美的杯子，他们又该是玩得多么尽兴啊！

宜兴紫砂粉彩釉浮水公道杯
清道光
江苏宜兴
杯高5厘米
南京博物院

2000年底，我们有幸得到许可，终于在南京博物院的库房亲眼见到了这只浮水公道杯。可惜的是小人儿断了，当杯子里有一定水量的时候，冒出来的只是残留的小人儿及部分中央的管子。南京博物院的工作人员告诉我们，这个1981年在扬州文物商店买到的浮水公道杯是他们的镇馆之宝之一。[10] 后来故宫的专家王健华告诉我们故宫里也有一个与南京博物院类似的紫砂挂釉粉彩浮水公道杯。[11]

几年后我们在晋中及周边地区淘宝，平遥附近的张兰周末古玩集市有许多人从乡下过来摆旧货地摊，十分热闹。集市在一个院子里，周围有六十来个小古玩店铺。一大早逛完了地摊，店铺就基本都开门了。我刚迈进一家昏暗的古玩店，眼睛就锁在玻璃柜下层的一只紫砂浮水公道杯上，与南京博物院的那只极为相似，只是没有上釉而已。

乍一看，我简直有点怀疑自己的眼睛。如此贵重脆弱的清代公道杯怎么可能历经这么多年的风风雨雨，辗转从1500公里外的江苏宜兴过来，出

现在山西尘土飞扬的乡下,不仅毫发无损,而且至今未被人发现?我强作镇定,碰了碰张卫的胳膊肘,谨慎地小声提醒:"往下看!"张卫一向比我老练,她不动声色地与老板讨价还价几个回合之后就拿下了这个无价之宝——要知道五星级酒店住一晚的房价都比这个贵!2011年11月,我们又在香港邦瀚斯的拍卖行以五十倍的价钱买了一个几乎一模一样的浮水公道杯,杯子来自伦敦的一位著名古玩商。怎么说呢?有时候我们能捡着漏,有时候又不得不花大价钱,反正到最后都平均下来了。好东西都是可遇而不可求的、随缘就好。

同时带有浮水杯和公道杯特征的例子十分罕见,而且我们目前所知道的现存实例都是宜兴出产的。浮水杯底没有洞、浮水公道杯底有洞;浮水杯里的小人儿只升不降、浮水公道杯里的小人儿能升能降。大家想想这是为什么呢?

宜兴紫砂浮水公道杯

清道光
江苏宜兴
杯高5厘米

早期浮水杯

已知最早的浮水杯来自宋、金、元代。柏林东亚艺术博物馆有一只十分特殊的出自中国南方的宋代白釉茶花形陶制浮水杯。[12] 大英博物馆的斐西瓦乐·大维德收藏有一只北宋至金代蓝色乳浊釉钧窑浮水杯。[13] 此外，内蒙古赤峰市宁城县出土了一只类似的元代钧窑浮水杯，现藏于赤峰市博物馆。[14]

17世纪早期，一只令人称奇的器具在荷兰出现，并一直流行到18世纪。一个银色浅盘固定在高脚圆座上。盘心有个半球，其底部有孔，顶部有个带翻盖的圆孔。当碗里装满了酒时，一个小男童就会推开盖子现出身来。

这个被荷兰人称为"地窖里的汉斯"（Hansje in de Kelder）的酒具，常常被荷兰、德国和丹麦的富裕家庭用来宣布家中有喜。那个半球，也就是类似浮水杯中的圆罩，代表了孕育小汉斯的子宫。虽然较晚出现的"地窖里的汉斯"与中国浮水杯的结构功能完全相同，但我们尚未找到两者有关联的证据。[15]

"地窖里的汉斯"蚀刻
佚名
1774 至 1776 年
荷兰北方
荷兰国立博物馆

注 释

1. ［南宋］释普济：《五灯会元》卷九，北京：北京图书馆出版社，2003年。

2. 许之衡著、叶喆民译注：《饮流斋说瓷译注》，说杯盘第八，北京：紫禁城出版社，2005年，第131页。

3. Wang Qingzheng, *A Dictionary of Chinese Ceramics* (Singapore: Sun Tree Publishing, 2002), p. 27.

4. 参考1984年3月14日哈彻货物拍卖图录中"活动的男性雕塑"里的"色情暗示"：*Fine and Important Late Ming and Transitional Porcelain* (Amsterdam: Christie's, 1984), p. 50.

5. Jan van Campen, *Supplement to Chinese Ceramics in the Collection of the Rijksmuseum, Amsterdam: the Ming and Qing Dynasties* (Amsterdam: Rijksmuseum, 1997), p. 24, cat. no. 236.

6. 出自唐代诗人杜甫的《饮中八仙歌》。

7. 出自明代学者何良俊（1506–1573）的《四友斋丛说》。

8. 惊喜杯是"一种用于作弄人的酒杯"，通常指的是浮水杯或公道杯。

9. 梁白泉：《宜兴紫砂》，北京：文物出版社，1991年，第222–223页。

10. 徐湖平：《南京博物院珍藏系列：紫砂》，上海：上海古籍出版社，1998年，第26页。

11. 王健华：《故宫博物院藏宜兴紫砂》，北京：紫禁城出版社，2007年，第283页。从发型和敞露的肚皮来看，人物似乎是汉钟离，但王健华将浮水公道杯中的人物称作"小童"，谢瑞华则认为他是个醉鬼。不论这个杯中人物是谁，他仿佛是被莲蓬里上上下下的寿老逗笑的。

12. Regina Krahl, *Yuegutang: A Collection of Chinese Ceramics in Berlin* (Berlin: G+H Verlag, 2000), p. 264.

13. *Illustrated Catalogue of Ru, Guan, Jun, Guangdong and Yixing Wares in the Percival David Foundation of Chinese Art* (London: School of Oriental and African Studies, 1999), p. 14, pl. 47.

14. 曹振峰主编：《中国美术全集：工艺美术编》卷十二，北京：人民美术出版社，1988年，彩版215。

15. 17世纪20年代，丹麦学者、医师及古玩收藏家奥勒·沃姆（Ole Worm, 1588–1654）在他位于哥本哈根的家中建立了天然及人造物品的收藏。沃姆是实践学习的早期拥护者，并将自己的收藏提供给哥本哈根大学的学生使用。他将收藏命名为沃姆博物馆（Museum Wormanium），并在去世前不久完成了藏品目录。目录中描述了两只中国杯子：白色的圆形公道杯和带有蓝色装饰的八瓣叶形浮水杯。那么，中国的浮水杯在17世纪上半叶的北欧已经广为人知，因此可能启发了"地窖里的汉斯"的诞生。参见 Ole Worm, *Museum Wormianum* (Amsterdam: Ludwig & Daniel Elzevir, 1655), p 346; Tove Clemmensen and Mogens B. Mackeprang, *Kina og Danmark 1600–1950: Kinafart og Kinamode* (Copenhagen: Nationalmuseet, 1980), p. 39。

趣壺

Puzzle
Jugs

他制作的怪壶让人无从下嘴，
让人惊叹。[1]

——卡勒尔·凡·曼德尔
（Karol van Mander），1604 年

Chinese Porcelain
and
Hard Stones

ILLUSTRATED BY TWO HUNDRED AND FIFTY-FOUR PAGES
OF GEMS OF CHINESE CERAMIC AND GLYPTIC
ART AND DESCRIBED BY

Edgar Gorer
J. F. Blacker

趣壶

有一种中国制作的益智容器，在中国却难觅芳踪——这就是康熙年间产于景德镇，被西方称作"puzzle jug"的精美瓷制酒具，我们且叫它趣壶。趣壶常见于酒文化历史悠久灿烂的西方，壶身常有风趣诙谐的题词。中国的趣壶则是专门做来外销到西方的。

何解趣壶的"趣"字呢？各位不妨一试。趣壶的壶颈透雕了许多孔洞，若像普通酒壶一样使用趣壶，倒酒的时候酒水便会从壶颈的孔洞漏出。谁能把酒喝到嘴里，谁便掌握了趣壶的要领。

2003年7月，与我们交情颇深的伦敦古董商斯图尔特·马钱特发来了一封邮件："我有个激动人心的消息！你们可要坐稳了哦！我们刚刚从一位欧洲藏家处买到一件很可能成为你们收藏皇冠上明珠的宝贝，你们肯定会嗨起来！"斯图尔特·马钱特在邮件中继续描述这是一件多么不可多得的康熙青花瓷趣壶，而且是全品相！兴奋之余我们也心领神会，价格肯定也会很"嗨"！

这个瓷制趣壶是仿荷兰代尔夫特蓝陶（Delftware）趣壶的造型，壶面上却是中国传统的釉下青花，绘有仕女、书生的图样。滚圆的壶腹由短矮的底座托着，壶颈呈宽大的圆柱形，上面花卉缠枝的背景部分被镂空成许多孔洞。壶沿浑厚，有三个带孔的花蕾状圆钮和一个连接壶腹的把手。

收到斯图尔特·马钱特的邮件时，我们的收藏步入了第六个年头，正处在一个十字路口。若有心把艺智堂提升为全面代表中国传统益智游戏的收藏，那无论如何都免不了抓住机会投资价格昂贵的精品。既然时间和精力投入了这么多，资金也就该跟上。于是我们毅然决定买下这把里程碑式的趣壶。

**代尔夫特风格的
青花瓷趣壶**
清康熙
江西景德镇
高 20.2 厘米

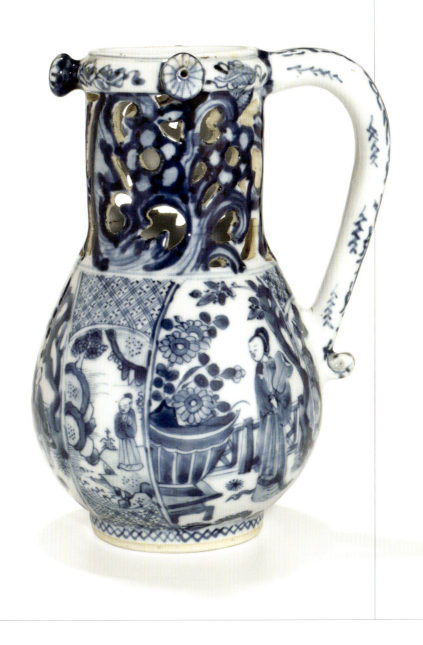

趣壶的工作原理

我们请了慕君、竺勤夫妇等一帮好友过来赏玩趣壶以兹庆祝。慕君提起壶来小心翼翼地看了看,觉着应该没有什么危险的机关,便一股脑儿地将酒倒了出来。可惜酒没入杯,倒是全透过壶颈的孔洞洒了一桌。

众人见此不得不愈发认真地对待起来。竺勤比较细心,发现了壶沿的三个圆钮上有洞眼。她试着吸酒,有两个孔是堵死的,对应把手的那个孔吸到的只是空气!耐心的她仔仔细细地把趣壶又打量了个遍,终于发现把手下面隐藏了一个太容易被忽略的小孔。把这个小孔摁住后,她终于成功地吸到了壶中的美酒。

那么酒是如何从壶腹流到壶沿的呢?这正是趣壶的奥妙所在。原来空心的把手一头与壶腹底部相通,另一头与厚厚的壶沿相通,在把手的小孔被摁住之后,酒便通过这样一个秘密通道从唯一一个没有被堵住的壶沿上的圆钮中被吸了出来,就像用吸管吸饮料一样容易。不难想象趣壶在18世纪欧洲的酒会上给人们带来多少乐子!

壶颈上漏水的孔洞与把手上漏气的小孔

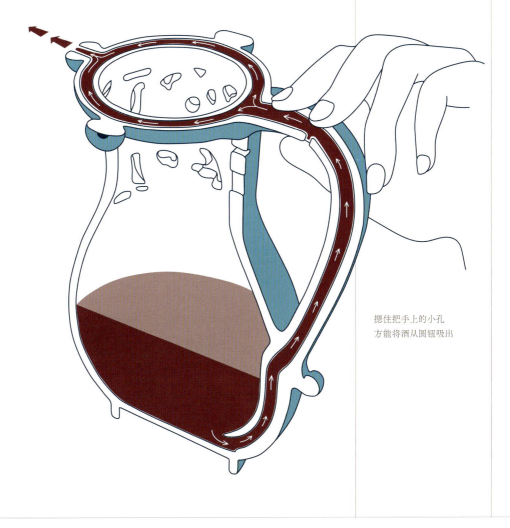

摁住把手上的小孔
方能将酒从圆钮吸出

趣壶

东西文化的融合

这件康熙青花瓷趣壶我们买得很放心,因为此前我们已经在五个国际知名的博物馆见过一模一样的实物了。这些博物馆分别是:纽约的大都会艺术博物馆、巴黎的集美博物馆(Musée Guimet)、法国塞夫尔(Sevres)的国家陶瓷博物馆、哥本哈根的丹麦国家博物馆以及荷兰吕伐登的王妃庭院国家陶瓷博物馆。

王妃庭院博物馆是荷兰的国家陶瓷博物馆,在荷兰拥有数量、种类最多的中国瓷器收藏。陶瓷专家 DF. 兰森·希乐尔(D.F. Lunsingh Scheurleer,1908-1999)曾是国有艺术收藏的负责人,也是荷兰最早对中国外销瓷有浓厚兴趣的人之一。他曾这样评论王妃庭院博物馆馆藏的康熙青花趣壶:"这是荷兰代尔夫特(Delft)趣壶的复制品。"[2] 后来,对荷兰东印度公司瓷器贸易颇有研究的莱顿大学荣誉退休教授克利斯蒂安·约克(Christiaan Jörg)也曾写到过这只趣壶:"这些趣壶是根据代尔夫特陶器样件定制的,但绘画是中国风格。"[3] 那么,这些中西合璧的趣壶是怎么来的呢?这还得从代尔夫特陶器的发展史说起。

代尔夫特是一座历史悠久、运河环绕的港口城市,位于荷兰西部的海牙和鹿特丹之间。16 世纪末,安特卫普的陶工将意大利锡釉技术,带到了代尔夫特,并开始生产一种厚重的、被称为马约利卡(majolica)的陶器。这些浅褐色陶器的白锡底釉上有鲜艳的图案,陶器底部有一层透明的铅釉。

1602 年,荷兰东印度公司获得了荷兰在亚洲的独家贸易权,并很快开始从其亚洲基地进口中国瓷器。中国万历时期精美的青花瓷不仅比马约利卡陶器薄,而且更结实耐用,很快就在富裕阶层中流行开来。代尔夫特的陶坊便开始在其价格实惠的马约利卡陶器上运用中国图案和色彩。但是他们无法复制中国瓷器,因为制作质地坚硬、又薄又白的瓷器所需要的高岭土只有中国才有。

到了 1620 年,代尔夫特的陶坊对制陶工艺进行了改进,能更好地模仿瓷器。他们改进了黏土的成分和制胎过程,并在装饰之前将陶器完全浸入锡釉,让陶器表面有了类似白瓷的均匀白色底色。图案画好以后再上一层透明的铅釉,让外观更接近瓷器的光滑和亮泽。最后,通过改进了的烧制技术,瑕疵也得以消除。这些改进促成了更细、更薄、与正宗中国瓷器极为相似的代尔夫特"瓷器"的诞生。

1644 年中国改朝换代,但新建立的清朝直到 17 世纪 80 年代才平定中国南方叛乱。受明朝灭亡的影响,中国瓷器生产中心景德镇与广州港口之间的运输中断,导致中国外销瓷短缺,景德镇甚至于 1675 年被毁,这一意外促使代尔夫特陶器业获得繁荣。许多新陶坊在代尔夫特如雨后春笋般出现，整个欧洲包括各个王室的订单让他们应接不暇。17世纪80年代初，清朝对中国的控制已经牢固，大量精美的中国瓷器可以重新运往荷兰。在接下来的半个世纪里，这些精美绝伦的康熙瓷对代尔夫特陶工们影响深远。

三百多年过去了。2020年1月，本书的定稿几次拖延交付，不断试探着我们在北京的编辑的耐心。本以为马上可以交稿了，却突然了解到，一件来自美国著名收藏家的荷兰代尔夫特蓝白陶趣壶将于两周后在纽约古董陶瓷博览会上出售！[4] 从照片上看，这件代尔夫特趣壶的大小、形状和装饰似乎与我们的康熙趣壶完全一样。DF.兰森·希乐尔和克利斯蒂安·约克曾经说过康熙趣壶是以代尔夫特趣壶为范本复制的，难道将在纽约出售的这件代尔夫特趣壶，就是那件原作？事不宜迟，我和张卫订了去纽约的票，我们要将两件趣壶放在一起当场检验一番。抱歉，我们的编辑只能一等再等了！

1月的纽约真是天寒地冻，我、张卫和手里的康熙壶都裹得严严实实的。在陶瓷博览会开幕的前夜，我们见到了那件代尔夫特趣壶的代理商，他本人正巧来自代尔夫特，他认出趣壶底部的款识AR，代表代尔夫特当年著名的希腊A（De Grieksche A）陶厂陶工阿德里安·范·里塞尔伯格（Adriaan van Rijsselberg，1686–1736）。[5] 趣壶的颈部有多处修复，一些小瑕疵也做过修饰。趣壶是真品，而且修复得很好。我们当即买下，没有给它在第二天的博览会上亮相的机会。如果说博物馆和收藏家为拥有了几只稀世的康熙青花瓷趣壶而骄傲的话，世界已知仅存的荷兰版代尔夫特趣壶落到了我们手里，只能说老天太眷顾我们了。

接下来在纽约的几天，我们约见的博物馆策展人、瓷器经销商、拍卖行专家对我们的代尔夫特趣壶和康熙趣壶无不津津乐道，并惊叹它们是如此的相似。代尔夫特趣壶腹部的装饰显然受到康熙瓷器的影响，画的庭院、仕女和花草完全是典型的中国图案，而趣壶颈部的纹饰则明显来自欧洲。两种遥远的文化，它们的装饰先在代尔夫特趣壶上融为一体，然后又从康熙趣壶上再现出来。

已知存世孤品

带有 AR 款的代尔夫特锡釉蓝白陶趣壶

1701 至 1729 年
荷兰代尔夫特
高 20.4 厘米

经过仔细比较，不难发现两把趣壶之间的差异。代尔夫特趣壶颈部典型的欧洲鸢尾花饰（fleur-de-lis）画得流畅自如，但在中国人制作的康熙趣壶上却显得呆板，仿佛不知道画的是什么。然而中国人画起中国仕女和庭院时却显得胸有成竹、游刃有余，反观代尔夫特趣壶上的中国仕女愁眉紧锁，不似东方面孔。中国的青花瓷是用钴蓝直接画在瓷胎上的，所以康熙趣壶的蓝色图案与微蓝的透明釉显得和谐一致；而代尔夫特趣壶的深钴蓝色则与白锡釉底对比强烈。辨别两种趣壶还有一个诀窍，那就是烧制时为了避免粘连，代尔夫特趣壶的环足不能上釉，这时候其深色陶胎的"马脚"便露出来了；康熙趣壶因为用了中国特有的高岭土，瓷胎里里外外都是天然的白色。

代尔夫特趣壶形状的特征是圆腹、粗手柄、颈部又高又宽。这个造型完全来自欧洲——源自德国韦斯特瓦尔德（Westerwald）17世纪的盐釉陶趣壶（见本书第255页实例）。[6] 康熙趣壶忠实地再现了代尔夫特趣壶的形状，高度几乎相同，只是肩略高、腹更宽一些。

专家一致认为，很有可能这个代尔夫特趣壶（或其他类似的趣壶）是由荷兰人创作出来，先由荷兰东印度公司带到了广州，然后从广州被送到景德镇作为定制几十个复制品的样件。成品趣壶与样品再经广州运回阿姆斯特丹，此间周转需要两三年才能在欧洲市场上出现。康熙青花趣壶幸存件数很少，富贾名家争相收藏，流传了几代人后，最后花落各大欧美博物馆及私人收藏手中。

【左】
代尔夫特锡釉蓝白陶趣壶
【右】
代尔夫特风格康熙青花瓷趣壶

代尔夫特锡釉蓝白陶趣壶的欧洲鸢尾花饰、中国人物图及陶胎

代尔夫特风格康熙青花瓷趣壶的欧洲鸢尾花饰、中国人物图及瓷胎

丹麦国王的中国趣壶

除了前面提到的博物馆外,荷兰海牙的美术馆(原为市立博物馆)和美国弗吉尼亚艺术博物馆也有与我们的康熙趣壶相同的藏品。遗憾的是,所有七个博物馆中的六个,收藏的趣壶都是19世纪中叶以后通过购买或捐赠获得,没有任何早期出处的信息。唯一例外的是丹麦国家博物馆。

丹麦与亚洲的贸易始于1616年。为了复制荷兰和英国东印度公司的成功,丹麦国王克里斯蒂安四世(Christian IV,1577–1648)特批成立丹麦东印度公司,并授予其在东印度、中国、日本所有贸易的垄断地位。但这家公司在与实力雄厚的老牌竞争对手的较量中败北,于1650年倒闭。第二家丹麦东印度公司成立于1670年,却在丹麦与瑞典爆发北欧之战(1700–1720)期间逐渐衰败,并在1729年不得不歇业。在时任丹麦国王弗雷德里克四世(Frederick IV,1671–1730)的财政支持下,股东们立即成立了一家临时公司,与英国、法国和荷兰重新竞争中国市场。[7]

这家临时公司将一艘退役了的军舰改装成"克里斯蒂安王储号"(Kronprins Christian)商船,由丹麦人迈克·统纳(Michael Tønder,1692–1755)任船长,开启了丹麦与中国的首次直航贸易。[8] 作为中西贸易的新手,丹麦人没与中国官员打过交道,更不知道如何与中国人谈生意,此行的成败不得不

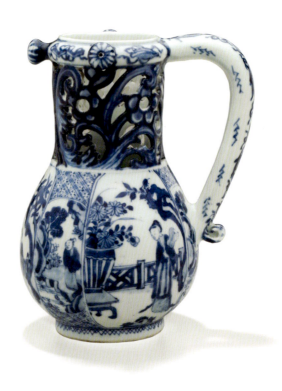

**丹麦国王的
康熙青花瓷趣壶**
1703 至 1731 年
江西景德镇
高 21 厘米
丹麦国家博物馆

完全仰仗一位经验丰富的荷兰籍商务总管（supercargo）彼得·范·赫克（Pieter van Hurk，1697–1775），由他来处理与贸易有关的所有事务。这位来自阿姆斯特丹的总管有四次航旅广州的商贸经验，完全知道自己的价值，[9] 因此要求的报酬非比寻常：不仅包括该船茶叶、丝绸和瓷器货物拍卖价的 4%，而且还有"私运权"，回航时可以夹带属于自己的 16 箱商品用于私人转售。[10]

1730 年 10 月 25 日，"克里斯蒂安王储号"商船载着 96 名员工、白银和铅从哥本哈根起航，九个月后于 1731 年 8 月 5 日到达广州珠江的黄埔港，成为丹麦第一艘直航到中国的商船。经过四个月的船体大修、商务谈判、货物补给装船并等到适宜的风向后，"克里斯蒂安王储号"于 1731 年 12 月 15 日起锚离开黄埔，1732 年 6 月 25 日返回哥本哈根，带回了以茶和丝绸为主的货物。另外还有 118 大箱、305 捆待拍卖的瓷器，以及三小箱专为国王购买的瓷器，除此之外还有现在被丹麦国家博物馆收藏的康熙青花趣壶。这次航旅获得了巨大的商业成功，促成了当年新丹麦亚洲公司的建立，并获得了接下来四十年丹麦与中国贸易的专营权。那位精明的荷兰籍商务总管彼得·范·赫克转而将自己丰厚酬劳的大部分回投到了这家公司，后来成为公司的董事之一。[11]

到达哥本哈根后，康熙趣壶与其他名贵瓷器一起，被放置在丹麦皇家艺术收藏室（Royal Danish Kunstkammer）中。这是一幢建于 17 世纪 70 年代的三层建筑，专门用于存放原本藏于哥本哈根城堡的皇家藏品。[12] 收藏室 1737 年的藏品清单中恰当地描述道："瓷壶一只，颈部镂空有枝叶纹，饮用方法奇特，也是由（'克里斯蒂安王储号'）1732 年从中国带来。"[13] 由于艺术品位的变化，丹麦皇家艺术收藏室于 1825 年解散，藏品被分配给几个新成立的专项博物馆，包括丹麦国家博物馆。因此，丹麦国家博物馆藏的康熙青花趣壶的历史可以溯源至将近三百年前，即从广州购得的 1731 年。[14]

"克里斯蒂安王储号"
海军中尉舒马赫（H.R. Schumacher）的
《克里斯蒂安王储号 1730 至 1732 年哥本哈根广州航海日记》封面
丹麦国家档案馆

大胆的猜测

我们前面讨论过荷兰东印度公司如何将我们的代尔夫特趣壶（或其同伴之一）带到广州，辗转运到景德镇后让工匠原样复制出瓷器，最后经广州运回阿姆斯特丹出售。那么，这些荷兰代尔夫特趣壶的瓷器复制品中的一件又怎么会登上丹麦"克里斯蒂安王储号"，最终进了哥本哈根的丹麦皇家艺术收藏室呢？我有一个设想，其实很简单：

18世纪20年代中期，代尔夫特陶工阿德里安·范·里塞尔伯格制作了几件一模一样、同时画有中国与荷兰图案的代尔夫特趣壶。1728年12月，荷兰东印度公司的"科斯霍恩号"（Coxhorn）成为公司第一艘从阿姆斯特丹直航广州的商船。一年后，"杜伊费耶号"（Duijfje）成了公司第二艘直航广州的商船。这两艘船中的一艘，将阿德里安制作的一只代尔夫特趣壶带到了广州，作为定制几十个瓷器复制品的样件。[15] 四到八周后，样件通过水路和陆路到达景德镇。[16] 由于制作工艺繁复，景德镇工匠耗时数月才将复制品完成。大约一年后，代尔夫特趣壶样件和复制好的瓷器趣壶回到广州等待装船。[17]

1731年8月6日，从阿姆斯特丹出发的"科斯霍恩号"第二次到达广州。商务总管扬·范·布伦（Jan van Buuren）替定制商接收了代尔夫特趣壶样品和康熙瓷器趣壶复制品。恰好在前一天，同是荷兰籍的商务总管彼得·范·赫克也随着丹麦"克里斯蒂安王储号"，从哥本哈根抵达广州。这两个荷兰老乡虽然各为其主，但并不妨碍在广州的四个月期间，在异乡见面聊天。扬·范·布伦肯定会提到他将要带回阿姆斯特丹的那些不寻常的趣壶，而彼得·范·赫克正好时刻留意着为丹麦国王的艺术收藏室搜寻宝贝。然后，康熙趣壶就这样上了丹麦的商船，进了丹麦皇家艺术收藏室，直到最后陈列在丹麦国家博物馆！当然，没有史料佐证，这一切都是想象。但是丹麦的"克里斯蒂安王储号"，与荷兰的"科斯霍恩号"在广州的时间重合，让我真想不出还有比这更令人信服的假设！[18]

47. 瓷壶一只，颈部镂空有枝叶纹，饮用方法奇特，
也是由（"克里斯蒂安王储号"）1732年从中国带来。

1737 年丹麦皇家艺术收藏室康熙趣壶库存记录
丹麦国家博物馆

豪门趣壶

2005 年 9 月，我们意外地收到了纽约苏富比拍卖公司寄来的一本拍卖图录。厚厚的图录有五百多页，是劳伦斯·S. 洛克菲勒（Laurance S. Rockefeller，1910–2004）的专场资产拍卖图录。劳伦斯·S. 洛克菲勒是小约翰·D. 洛克菲勒（John D. Rockefeller Jr., 1874–1960）的儿子、老约翰·D. 洛克菲勒（John D. Rockefeller Sr., 1839–1937）的孙子。老洛克菲勒在 1870 年创建了标准石油公司，富可敌国。尽管老洛克菲勒在生意上通过许多负面的手段迅速成为空前绝后的美国首富，但是最后洛克菲勒家族还是以其慈善事业，对高等教育和艺术发展的慷慨捐赠而流芳百世，受益者甚至包括北京协和医院。

老实说，当我们打开这本拍卖图录看到一对带盖康熙五彩趣壶时，真可以用心花怒放来形容我们的心情。[19] 这个六边形趣壶壶身的每一面都画满了麒麟瑞兽、紫苑山茶、梅花与石竹，着色十分艳丽多彩。壶颈瘦长，有十六个镂空圆孔；把手连接着壶沿和壶肩，壶流呈龙头状。六角壶盖有个花蕾状盖钮。六角瓶底瘦高，下面还有个西洋特制的木座。

不巧的是，我们已经订好了到中国的机票，而且拍卖当天有事，无法参与竞拍。洛克菲勒的专场拍卖可想而知有多热门，我们只好委托伯克利的行家好友替我们电话竞拍。苏富比的估价已经不菲，我们嘱咐好友竞拍上限只可比估价高一倍。拍卖结束的第二天，我们焦急地等来了好友的电话。好友激动地说当时另外一个买家铁了心地要争夺这对趣壶，双方互不相让，直到最后对方一个竞价直接顶到了我们的上限。我们听到后吊到嗓子眼的心瞬间沉到了脚底，不料好友又弱弱地补了一句："不好意思我没听你们的，又拼了一轮，拿下了。所幸对方没再跟进。"

我们因此就成了洛克菲勒趣壶的新主人，兴奋之余我们发邮件告诉老朋友理查德与斯图尔特·马钱特这个好消息。他们马上回复道："恭喜！这对趣壶我们再熟悉不过了！它们在纽约苏富比拍卖时我们出的是第二高价。"我和张卫一时语塞，错愕相顾。这真是同室操戈，相煎何急啊！

这对趣壶落槌价加上佣金远远超过了我们的预期，成了我们最贵的藏品。直至现在我们还偶尔调侃自己，好歹我俩的品位堪比伦敦顶级明清瓷器古董商！

劳伦斯·S. 洛克菲勒
庄园资产图录
2005 年 10 月 11、12 日
纽约苏富比拍卖会

瓷制康熙五彩带盖趣壶和后配木制的底座
清康熙
江西景德镇
高 23.5 厘米

每个古董瓷器收藏家都希望能够追溯到其藏品的最早来源，但鉴定藏品的年代并非易事。古董市场鱼龙混杂、赝品泛滥，因此，有一份经得起验证的历代藏主材料无疑是判断藏品真伪最有效的保证。这对趣壶的木座底部有淡粉色标签，上面写的"L.S.R."是劳伦斯·S.洛克菲勒的姓名缩写。将趣壶拿起来，两只壶底各自有个"198"号的红圈标签。经研究我们发现，1913年伦敦古玩商人埃德加·戈热尔（Edgar Gorer，1872–1915）在美国著名的纽约第五大道上的珠宝商德雷瑟公司（Dreicer & Co.）展出并销售了英国柴郡棉花商乔治·R. 戴维斯（George R. Davies，1844–1918）的中国瓷器收藏。当年的藏品图录中第198号正是一对康熙"六边形趣壶"。[20] 那么这是不是说明当年洛克菲勒是从戈热尔在纽约德雷瑟公司办的展览中买到这对戴维斯壶的呢？

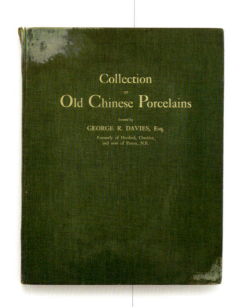

戈热尔在纽约1913年展销时的戴维斯收藏图录198号是康熙趣壶

位于纽约波坎蒂克山（Pocantico Hills）的洛克菲勒庄园也是洛克菲勒档案中心的所在地。2016年，我们带着问题去那儿寻找答案，一位热心的工作人员帮我们找到了许多重要文献。购买的瓷器中有一张1914年1月14日德雷瑟公司给老洛克菲勒的发票，其中包括那对康熙五彩趣壶。[21] 发票所示趣壶的标价是1250美元，另加17%的现金交易折扣。两天后，小洛克菲勒寄了一张"家父的支票"给德雷瑟公司，用来支付"售给家父的"用于"波坎蒂克家居的装潢"的中国瓷器。[22] 波坎蒂克家居也就是那个建在波坎蒂克山山顶、有四十个房间、被称作基魁特（Kykuit）的洛克菲勒豪宅。在文献中的另一封信里，小洛克菲勒也注明那些酒壶

198. Pair of hexagonal puzzle wine-ewers. On the sections of the lower portion are two panels containing a fabulous animal, rocks, trees, etc. The remaining four sections have sprays of flowering trees, and rocks. Below is a narrow band of stippled green intersected with formal chrysanthemums in rouge-de-fer; on the foot are sacred emblems, terminating in a rouge-de-fer border. The shoulder has a deep band of diaper pattern in green, pencilled with black and lined with rouge-de-fer, this margined at the bottom with a narow band of aubergine and above one of yellow. The neck is divided into two sections by a raised band of yellow and aubergine, with sprays of flowers and a tracery design. The lip is seeded green with coloured blossoms. On the cover are sacred emblems and flowers. The spout is white, and issues from a yellow monster head. The whole finely drawn and richly enamelled in famille-verte colours on a white ground. *Kang-He period.* Height 9 inches.

趣壶底部标签"198"是古玩商埃德加·戈热尔给戴维斯藏品编的号;木座底部"L.S.R."则是买家老洛克菲勒的孙子兼最后继承人劳伦斯·S.洛克菲勒的姓名缩写

(趣壶)是要"摆放在家父乡居的壁龛柜里的"。[23] 当然,这个乡居也是指的那栋豪宅。

老洛克菲勒在 1937 年去世以后,小洛克菲勒和他的太太艾比·奥德利奇·洛克菲勒(Abby Aldrich Rockefeller,1874—1948)搬进了基魁特。小洛克菲勒于 1960 年去世,在那之前,这对趣壶一直在一楼的壁龛柜里放着。[24] 趣壶后来由小洛克菲勒的儿子劳伦斯继承,被搬到了他在纽约第五大道 834 号的公寓里,在客厅书柜上一个很醒目的位置摆放了几十年,直到 2004 年劳伦斯去世。[25] 这对趣壶 1914 年从戴维斯收藏到了洛克菲勒家族,伴随了洛克菲勒家族三代人九十年后,在 2005 年成为我们艺智堂收藏的骄傲。

小洛克菲勒非常勤恳地给他父亲收藏的(后来也包括他自己收藏的)大量中国古瓷器编号、做目录。趣壶的底座边上分别注有红色的"F.W.E.3A"和"F.W.E.4A",其中"F"代表的是五彩(Famille verte),"W"代表酒(Wine),"E"代表壶(Ewer),"3"和"4"分别代表他的五彩酒具收藏的第三个和第四个,"A"代表壶体(壶盖则用"B"代表)。[26]

小洛克菲勒在趣壶上写下了自己的编号

【右页图】
1914年1月14日小洛克菲勒购买戴维斯藏品中康熙趣壶的记录
洛克菲勒档案中心

趣壶上其他的标签提醒我们，洛克菲勒收藏这对趣壶之前是戴维斯收藏，那么戴维斯收藏之前的两百年间又是谁的收藏呢？再早一些，三百年前亲手制作这对趣壶的景德镇匠人和画师是谁？又是哪位商人将这些瓷器从景德镇运到英国的？木座底下的手写标签代表什么？瓶底的54和55号代表什么？551号是拍卖组号吗？我们不禁感慨这有如大海捞针，自己知之甚少。

康熙五彩趣壶如凤毛麟角，目前我们所知的拥有类似藏品的博物馆只有三家。比利时布鲁塞尔的中国馆有一对（绘画不同，并不相配）；纽约大都会艺术博物馆和新泽西州的纽瓦克博物馆各有一对。[27] 除此以外，马萨诸塞州塞勒姆市的皮博迪埃塞克斯博物馆和意大利那不勒斯的国家陶瓷博物馆（Museo Duca di Martina）各有一只康熙年制球体状的趣壶。[28]

洛克菲勒家庭成员在基魁特　纽约　1936年
左起：小洛克菲勒（为老洛克菲勒购买了这对趣壶）、艾比·奥德利奇（小洛克菲勒夫人）、劳伦斯（小洛克菲勒儿子及趣壶最后继承者）、老洛克菲勒、温斯罗普（小洛克菲勒儿子）、艾比（小洛克菲勒女儿）、纳尔逊（小洛克菲勒儿子）；
图中缺约翰三世和大卫（均为小洛克菲勒儿子）
洛克菲勒档案中心

L.S.R.   L.S.R.

F.W.E. 3   F.W.E. 4

F. W. E. 3.

(One of pair; see No. F.W.E.4)

Net price for the pair - - - - - - - - $1,037.
Original price . . . . . . $1,250.
Discount 17% . . . . 213.

Exchange privilege expired January 14, 1924.

Collection GEORGE R. DAVIES.

Seller, DREICER-GORER. Date purchased Jan. 14, 1914.

Height 9¼ in.   Kang Hsi.

P.H. K Pg. 169 #2 with F.W.E 4 — 1,500.⁰⁰

F. W. E. 4.

(One of pair; see No. F.W.E.3)

Net price for the pair - - - - - - - - $1,037.
Original price - - - - - $1,250.
Discount 17% . . . . . . 213.

Exchange privilege expired January 14, 1924.

Collection GEORGE R. DAVIES.

Seller, DREICER-GORER. Date purchased Jan. 14, 1914.

Height 9 in.   Kang Hsi.

999 F.W.E. 3

意外收获

1998年秋高气爽的一天,开始收藏才一年的我们去了纽约拉尔夫·M. 蔡特古董店(Ralph M. Chait Galleries)。这家美国最早的中国古董店由拉尔夫·M. 蔡特(1892–1975)在1910年创建。接待我们的是创始人的儿子艾伦·蔡特(Allan Chait,1929–2015)。得知我们对益智容器感兴趣时,他将我们带进他父亲的藏书室,并从密密麻麻放满了书的书架上抽出一本厚厚的精装古籍《中国瓷器和玉器》(Chinese Porcelain and Hard Stones)。[29] 这本1911年出版的彩色图录是一本记载了英国著名中国瓷器收藏的巨著,其本身就是炙手可热的藏品。蔡特先生翻到最后一页,指着一对康熙五彩趣壶自豪地对我们说,这对来自理查德·本奈特(Richard Bennett)的收藏,就曾由他的公司售出。

理查德·本奈特出生于1849年,是英国曼彻斯特附近博尔顿镇上的化工产品生产商。他除了收藏中国瓷器外,还收藏古籍书和手稿。1911年,本奈特将他的中国瓷器收藏卖给了伦敦古玩商,也就是后来购买了乔治·R. 戴维斯收藏的埃德加·戈热尔。1913年,戈热尔在纽约德雷瑟公司展览并销售了大部分本奈特收藏,那对本奈特收藏的康熙五彩趣壶在展销图录中的编号是第212组。[30]

【左页图】
劳伦斯·S. 洛克菲勒在纽约第五大道公寓的客厅

【左】
1911年,埃德加·戈热尔和JF·布莱克著《中国瓷器和玉器》

【右】
戈热尔在纽约展销时的本奈特收藏图录

《中国瓷器和玉器》照片中的本奈特趣壶的壶体呈圆形，坐落在高高的束腰圆足上。壶面是典型的釉上康熙五彩，明亮清新的绿色背景衬托着壶体两面的庭院仕女画。圆柱形的壶颈有透雕洞纹，壶沿上扣着带花蕾钮的壶盖，稍卷的茄瓷色把手将壶体与壶沿的凸环相连，兽状壶流与把手呈直角。蔡特将这对趣壶卖给了谁？现在它们又身在何处呢？我们不禁浮想联翩。

本奈特收藏中的趣壶出现在《中国瓷器和玉器》的最后一页

2008 年 1 月，一对非常奇特的康熙五彩趣壶要在纽约的佳士得拍卖。我们一眼便认出了图录中的本奈特趣壶。[31] 奇怪的是图录里对趣壶的来源仅仅著录曾来自纽约蔡特古董店，却对理查德·本奈特和埃德加·戈热尔只字未提。我们向佳士得索取了趣壶的状态报告，报告称："有蔡特古董店的旧标签和收藏纸签。纸签上有苏格兰蓟花纹章和箴言'HONESTUS BENEDICTUS'（颂扬诚誉）及 R.B.。"R.B. 是理查德·本奈特名字的缩写，毫无疑问，这对趣壶曾经就是本奈特的藏品，就是艾伦·蔡特指给我们看的那一对。我们毫不犹豫地参与竞拍并有幸将这对趣壶纳入艺智堂收藏。

瓷制康熙五彩带盖趣壶
清康熙
江西景德镇
高 23.6 厘米

【右页图】
1914年3月19日小洛克菲勒购买本奈特藏品中康熙趣壶的记录
洛克菲勒档案中心

2016年在洛克菲勒档案中心查找资料时，我们还找到了一张小洛克菲勒于1914年从埃德加·戈热尔在纽约的代理，即德雷瑟公司处购得中国瓷器的清单。[32] 令我们惊喜的是，清单上列有两对趣壶：一对是2005年我们从苏富比洛克菲勒专场资产拍卖上购得、原属于戴维斯收藏的趣壶；第二对是三年后我们从佳士得拍卖公司购得的、原属于本奈特收藏的趣壶。和清单放在一起的文件证实，这两对趣壶都是小洛克菲勒为他父亲购买的！[33] 回家后我们仔细观察本奈特趣壶上的标记，两个壶底的埃德加·戈热尔图录编号212的痕迹依稀可辨，而壶盖沿上红色的F.W.E.5B和F.W.E.6B则是小洛克菲勒自己为第五和第六个趣壶盖编的号。原来我们不是拥有了一对，而是两对洛克菲勒趣壶！意外收获给人的感觉真好。

左：本奈特收藏的旧标签有苏格兰蓟花、他的座右铭及他名字的缩写
右：本奈特收藏在戈热尔纽约展销图录中的编号"212"

小洛克菲勒在本奈特趣壶壶盖上留下的编号

J.D.R. 3rd

F.W.E. 5

J.D.R. 3rd

F.W.E. 6

```
(Companion to F.W.E. 6)              F.W.E. 5.

Net price for the pair - - - - - - - - $2,490.
Original price . . . . . . $3,000.
Discount 17% . . . . . . .    510.

Exchange privilege expired April 17, 1924.

Collection   RICHARD BENNETT.  Plate 212, mate 212.

Seller,  DREICER-GORER.   Date purchased Mar. 19, 1914.

Height 9¼ in.              Kang Hsi.
```
P.H. E Pg. 170 II 1 with F.W.E.6 - (1,600.⁰⁰) J

```
                                               F.W.E. 6
(One of pair; see No.
  Net price, - - -   for pair, - - - $2,490.
  Original price, - - - - $3,000.
  Discount, 17%, - - - - -   510.

  Exchange privilege,
  Collection   RICHARD BENNETT    Plate 212
  Height 9 1/4"                   Kang Hsi.
```
P.H.   922   F.W.E.5

和那对戴维斯趣壶一样，本奈特趣壶也放置在基魁特一楼的壁龛柜里，直到1960年小洛克菲勒去世。这对趣壶在1963年5月15日离开了基魁特，被运到小洛克菲勒的长子约翰·D. 洛克菲勒三世（John D. Rockefeller Ⅲ，1906–1978）在纽约市比克曼街（Beekman Place）一号的寓所。[34] 后来，这对本奈特趣壶通过买卖或交易到了蔡特古董店，并最终让我们在2008年纽约佳士得的拍卖中购得。两对趣壶分开了近半个世纪终于又团聚了。

值得一提的是，小洛克菲勒在1914年3月19日为他父亲购买了一对本奈特趣壶，埃德加·戈热尔1914年4月17日在购物发票上签的字。[35] 仅一年多以后，埃德加·戈热尔搭乘英国皇家邮轮"卢西塔尼亚号"（Lusitania）从纽约返回伦敦。1915年5月7日，这艘邮轮在爱尔兰南部沿岸的外海被德军潜艇的鱼雷击中。戈热尔是游泳好手，因此他将自己的救生圈给了一位歌剧演员，并救了她。不幸的是，戈热尔最后还是与其他1195名乘客和船员一起葬身大海，死时年仅四十三岁。[36]

我们对趣壶来源的研究仿佛让我结识了所有与它们密切相关的人。每当我从壶嘴吮吸时我总是隐隐约约感觉在与趣壶的前任藏主们亲密交流（张卫笑我太痴，说只有我才会这么想）。但你不得不承认，从乔治·戴维斯到理查德·本奈特，从拉尔夫、艾伦·蔡特到埃德加·戈热尔和他纽约代理德雷瑟公司的老板，当然还有举足轻重的洛克菲勒们（好吧，也许老洛克菲勒不会，但他的儿孙们都算），甚至从苏富比、佳士得的拍卖师到17世纪制作这两对趣壶的江西景德镇人——我们所有人的唇印跨越了时空和国界，全都叠加到了趣壶的小嘴儿上！

早期的趣壶可以直接倒酒、晚期的趣壶则只能吸酒。吸口趣壶的前身呈浅杯造型，如 14 世纪后期英格兰和 15 世纪后期意大利的例子；后来演变成壶状，开始出现在 16 世纪末的意大利和 17 世纪的法国、德国、瑞士、英国和荷兰。趣壶的不断发展衍生出数十种造型、装饰、结构各异的样子，在整个 19 世纪都十分流行。[37] 剑桥大学的菲茨威廉博物馆藏有最多的欧洲生产的趣壶，总计有五十把之多，它们是由数学家詹姆斯·W.L. 格莱舍（James W.L. Glaisher，1848–1928）搜集的。[38]

英国人喜欢在趣壶上题诙谐的诗句、来挑战那些不明就里的饮酒人。如此页那只 1732 年的英格兰趣壶上写的是："劝君莫怕试身手，我敢与君赌一回。谁人举壶品佳酿，美酒洒尽衣襟湿。"

欧洲各地的趣壶

【左】
盐釉陶趣壶
约 1630 至 1650 年
德国韦斯特瓦尔德
高 18 厘米
荷兰国立博物馆

【右】
锡釉陶趣壶
约 1660 至 1680 年
法国讷韦尔
高 16 厘米
英格兰康沃尔郡科特赫勒庄园

【左】
锡釉陶趣壶
1690 年
荷兰
高 17 厘米

【右】
锡釉陶趣壶
1732 年
英格兰
高 17.8 厘米

宜兴紫砂趣壶孤品

我想请教一些有关18世纪中荷瓷器贸易的问题,一位朋友向我推荐莱顿大学教授克利斯蒂安·约克,他五十多年来一直在研究这个方向。因新冠病毒大流行而闭门不出的我们,通过大量的电子邮件交流了许多信息。在其中一封邮件中约克教授问道:"您可见过那个时期的宜兴紫砂西式趣壶?"我说我从未见过或听说过。慢慢地我从他那儿知道,他正与德累斯顿瓷器收藏馆的策展人,及一支由三十名学者组成的国际团队,合作拍摄和编录一个庞大的收藏。这个收藏的主人,正是萨克森选帝侯及波兰国王、强壮的奥古斯特。

收藏最初由29000件中国和日本17至18世纪初的瓷器组成,目前仍保留有8000件,其中约1600件在德累斯顿富丽堂皇的茨温格宫展出。[39] 幸运的是,奥古斯特在1721年对自己的藏品进行过完整的盘点建档,该记录正好成为约克教授团队工作的基础。奥古斯特为他的每件收藏都编了号,即使现在,每件藏品均与相应档案中的描述相匹配。

除了瓷器,奥古斯特还搜集了未上釉的江苏宜兴紫砂器。为藏品立档的职员将这些紫砂器归类为"Terra Sigilatta"。这是一个拉丁词,意为带有图像的黏土制品,通常用于古罗马红陶、当地红陶和南美陶器。其中有两件很不寻常的壶,仅被简称为"kannen"(水罐)。[40] 两百年后,1923年一本关于德国瓷器的著作中,再次使用了相同的分类术语。[41] 约克教授说:"是我和一位台湾学者在对宜兴紫砂器分类编目时'发现'这些水罐其实是趣壶。他询问了趣壶的功能,我给他解释了。我们并没有意识到没人听说过这个。"

宜兴紫砂趣壶
约1700年
江苏宜兴
德累斯顿瓷器收藏馆

德累斯顿收藏的那对宜兴趣壶在形状和装饰上都颇为相似。[42] 每只壶都有宽大的卵形腹部和直颈、颈上部的短小壶嘴与 S 形手柄呈直角。半圆的盖上都有个蝴蝶钮。未上釉的趣壶呈棕红色。壶足的边缘、壶颈根部、壶沿和盖沿有绳纹。壶腹表面被凸纹平分成六个框、每个框除了上下各有一朵花纹，中间的圆圈里镂雕有精致的梅花，由壶内壁白色的高岭土衬托着尤其显眼；壶颈上部浮雕盘龙、下部镂雕牡丹，壶盖也镂雕满了梅花。一条镀金铜环的链子将把手与盖子连接了起来。

宜兴紫砂趣壶
及镏金铜链（一对之一）
约 1700 年
江苏宜兴
高 21.4 厘米
德累斯顿瓷器收藏馆

最老的趣壶？

英国益智游戏历史学家大卫·辛马斯特（David Singmaster）教授曾经带我们在英国德文郡的埃克塞特观赏了一只奇特的陶制壶。这只被称为埃克塞特趣壶（The Exeter Puzzle Jug）的壶，是北欧发现的中世纪陶器中最杰出的典范之一。它制作于13世纪后期法国西部的桑通格（Saintonge），其残片1899年在埃克塞特的发掘中被发现，在20世纪30年代修复。修复后的壶高达46.5厘米，现陈列于埃克塞特的皇家艾伯特纪念博物馆。

壶颈是个塔楼建筑，顶层藏有两个主教，中层是向外探身的女人，楼下有音乐家在演奏。场景是在嘲讽表里不一、装假正经的神职人员。液体倒入壶顶的浅腔室后，并不通过镂空的壶颈，而是经空心壶把流入壶腹。倾斜时，液体便可从动物状壶流、壶嘴流出来。整个通道与镂空的壶颈是隔开的。尽管这只壶也被称为趣壶，还有着令人炫目的外观，但它的内部结构与晚期制作的趣壶有很大的不同，能直接倒水。晚期的趣壶，包括我们的康熙趣壶在内，只能通过吸吮得到壶内液体。[43] 那么埃克塞特趣壶这种可以直接倒水的壶，到底该不该归类于趣壶呢？

埃克塞特趣壶
彩釉陶器
约1300年
法国桑通格
高46.5厘米
英格兰埃克塞特皇家艾伯特纪念博物馆

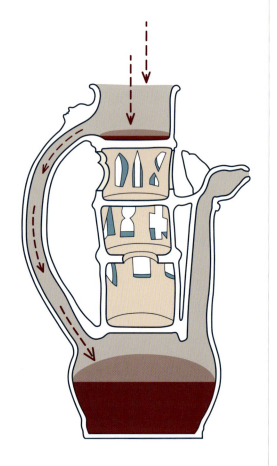

注 释

1. Karel van Mander, *Het Schilder-Boeck* (Haarlem: Paschier van Wesbusch, 1604), p. 287. 卡勒尔·凡·曼德尔说的"他",是指荷兰哈勒姆的海洋画家亨里克·科尼利森·弗鲁姆(Henrick Cornelissen Vroom, 1566–1640),陶艺是从他雕塑家父亲那儿学的。

2. D.F. Lunsingh Scheurleer, *Chinese Export Porcelain: Chine de Commande* (New York: Pitman, 1974), pp. 94–95, 215, pl. 105.

3. C.J.A. Jörg, *Interaction in Ceramics: Oriental Porcelain & Delftware* (Hong Kong: Hong Kong Museum of Art, 1984), p. 78, no. 36.

4. 这件代尔夫特趣壶来自本杰明·爱德华兹三世(Benjamin F. Edwards Ⅲ, 1931–2009)的收藏。他是圣路易斯金融服务公司 A.G. 爱德华兹(A.G. Edwards)的负责人,他的曾祖父创建了这家公司。爱德华兹三世以其收藏的日本和中国出口的伊万里瓷器,以及后来的荷兰代尔夫特陶器而闻名。参见 *500 Years: Decorative Arts Europe Including Oriental Carpets*,拍卖图录 2012 年 11 月 29、30 日 (New York: Christie's, 2012), p. 20。

5. 1713 年,阿德里安·范·里塞尔伯格与希腊 A 陶厂的主人约翰娜·范·德·休(Johanna van der Heul)签署了合同,承诺在她拥有公司期间,只会为她一家公司"在代尔夫特'瓷器'使用金彩的工艺"。阿德里安后来以模仿日本伊万里瓷器使用金彩工艺而闻名。1722 年,希腊 A 陶厂易主之后,阿德里安自立门户,并以 AR 作为自己的款识。

6. Jan Daniël van Dam, *Dated Dutch Delftware* (Amsterdam: Rijksmuseum, 1991), pp. 28–29, 128–129. 来自德国韦斯特瓦尔德同样形状的盐釉陶器大啤酒杯 17 世纪下半叶在荷兰非常流行。

7. Benjamin Asmussen, "Networks and Faces between Copenhagen and Canton, 1730–1840" (PhD diss., Copenhagen Business School, 2018), pp. 47–50, https://research-api.cbs.dk/ws/portalfiles/portal/58519643/Benjamin_Asmussen.pdf.

8. "克里斯蒂安王储号"原为瑞典军舰,于 1719 年在战役中被海军英雄彼得·韦塞尔·雷盾(Peter Wessel Tordenskjold, 简称"雷盾", 1690–1720)征服。北欧大战期间,迈克·统纳尽管一年前在另一场战斗中失去了右腿,仍旧参战,并从瑞典人手中俘获了这艘船。尽管后来战舰改为商船,它仍然保留了三十六门炮中的十八门。

9. 彼得·范·赫克曾四次为奥属荷兰(今比利时)的奥斯坦德(Ostend)港的商船来往广州,并在 1725 年和 1727 年的中国商贸船上分别任职为三等和二等商务总管。有关奥斯坦德公司,参见:Karl Degryse, "De Oostendse Chinahandel (1718–1735)," *Revue Belge de Philologie et d'Historie* 52, no. 2(1974), pp. 306–347; and C.J.A. Jörg, *Porcelain and the Dutch China Trade* (The Hague: Martinus Nijhoff, 1982), pp. 20–21。

10. Jan Parmentier, "Søfolk og supercargoer fra Oostende i Dansk Asiatisk Kompagnis tjeneste 1730–1747," *Handels- og Søfartsmuseets Årbog* 48 (1989), pp. 143–149; Asmussen, "Networks and Faces between Copenhagen and Canton," pp. 176–183.

11. 对"克里斯蒂安王储号"此次中国航程最好的记录,来自船员们的航海日记:J.H. Huusmann, *En kort Beskrivelse over Skibets Cron-Printz Christians lykkelige giorde Reyse baade til og fra China* (Copenhagen: Bogtrykkerie, 1760) 及 G.L Grove, "En Dagbog, ført paa en Kinafarer 1730–1732 af Kadet Tobias Wigandt," *Tidsskrift for Søvæsen* 35 (1900), pp. 181–211. 并请参阅Tove Clemmensen and Mogens B. Mackeprang, *Kina og Danmark 1600–1950: Kinafart og Kinamode* (Copenhagen: Nationalmuseet, 1980), pp. 104–116, 及 Rikke Søndergaard Kristensen, "Made in China: Import, Distribution and Consumption of Chinese Porcelain in Copenhagen ca. 1600–1760," *Post-Medieval Archaeology* 48, no. 1(2014), p. 161. "克里斯蒂安王储号"的商业成功激励了丹麦商人为促进与中国的贸易而加倍努力。他们在1732年成立了丹麦亚洲公司,丹麦船只开始定期航行到中国,通常每年两次。由于丹麦的国内市场相对较小,从中国进口的大宗商品都被运往其他欧洲国家。但是由于欧洲市场的萎缩,加之丹麦与英国的战争使其难以持续发展,丹麦亚洲公司最终于1843年解散。

12. Bente Gundestrup, *The Royal Danish Kunstkammer 1737* (Copenhagen, Nationalmuseet, 1981), p. xvii. 丹麦皇家艺术收藏室位于三楼,图书馆位于二楼,兵器馆位于一楼。如今整栋楼都是丹麦国家档案馆。

13. Bente Dam-Mikkelsen and Torben Lundbæk, *Ethnographic Objects in the Royal Danish Kunstkammer 1650–1800* (Copenhagen, Nationalmuseet, 1980), p. 162.

14. Gundestrup, *The Royal Danish Kunstkammer 1737*, pp. xxiv–xxxi, 21, 60–61.

15. 参见 Jörg, *Porcelain and the Dutch China Trade*, p. 347, note 25: "1728 年……荷兰东印度公司的阿姆斯特丹商会通过'科斯霍恩号'运来数箱'瓷器和陶器'的样品和模型……'陶器'可能来自代尔夫特。"

16. 从中国中东部向广州运输茶、瓷器和丝绸所需的人力大篷车情景的描述见:Paul van Dyke, *Merchants of Canton*

and Macao (Hong Kong: Hong Kong University Press, 2011), pp. 14–16。

17 参见 Jörg, *Porcelain and the Dutch China Trade*, p. 97："对于不寻常的式样，必须向'高地'（景德镇）的工厂定制，得花好几个月的时间才能见到订购的产品。因此荷兰东印度公司的部分订货，只能等到下一个交易季节才能交付。"参见 Scheurleer, *Chinese Export Porcelain*, p. 65："送往中国的样品必须送返回国，以便参照从广东购回的瓷器是不是依据样品制作的。"

18 当然也有其他可能。康熙趣壶也许是早几年前通过荷兰东印度公司在巴达维亚（今雅加达）的基地订购的。彼得·范·赫克有可能在趣壶流行后期在广州购买了一只。如果真是如此，阿德里安·范·里塞伯格就必然更早地制作了他的代尔夫特趣壶样件——甚至可能在他成为珐琅釉和金彩艺术家之前。另一种可能是，当彼得·范·赫克还在奥斯坦德公司商贸远征船"普瑞侯爵号"（Marquis de Prié）最后几次航程上担任第二商务总管时，于 1728 年亲自将代尔夫特趣壶样件带到了广州，并定制了康熙瓷的复制品。

19 *Property from the Estate of Laurance S. Rockefeller* (New York: Sotheby's, 2005), pp. 14–15, lot 1. 拍卖图录 2005 年 10 月 11–12 日。

20 [Edgar Gorer], *Collection of Old Chinese Porcelains formed by George R. Davies Esq. Formerly of Hartford, Cheshire, and now of Parton, N.B.* ([London]: [Printed by G.W. Jones, at the sign of the Dolphin], 1913), p. 45, no. 198; "Fine Porcelain Coming" *New York Times*, February 20, 1913; "In the Art Galleries" *New York Times*, December 2, 1913.

21 Invoice, Dreicer & Co., January 14, 1914, Folder 1320, Box 133, Series I, Homes, Office of the Messrs. Rockefeller records (OMR), Rockefeller Archive Center.

22 John D. Rockefeller Jr. to Dreicer & Company, January 16, 1914, Folder 1317, Box 133, Series I, Homes, Office of the Messrs. Rockefeller records (OMR), Rockefeller Archive Center; John D. Rockefeller Jr. to Edgar Gorer, January 16, 1914, Folder 1317, Box 133, Series I, Homes, Office of the Messrs. Rockefeller records (OMR), Rockefeller Archive Center.

23 John D. Rockefeller Jr. to Edgar Gorer, March 20, 1914, Folder 1317, Box 133, Series I, Homes, Office of the Messrs. Rockefeller records (OMR), Rockefeller Archive Center.

24 Distributions, Laurance S. Rockefeller, Folder 1659, Box 175, Series I, Homes, Office of the Messrs. Rockefeller records (OMR), Rockefeller Archive Center.

25 查尔斯·洛克菲勒（Charles Rockefeller），与笔者的交谈，纽约，2007 年 11 月 1 日。

26 Porcelains, February 1955, Folder 1396, Box 140, Series I, Homes, Office of the Messrs. Rockefeller records (OMR), Rockefeller Archive Center.

27 Jean McClure Mudge, *Chinese Export Porcelain in North America* (New York: Clarkson N. Potter, 1986), pp. 109, 259.

28 Lucia Caterina, *Catalogo della porcellana cinese di tipo bianco e blu* (Rome: Istituto Poligrafico e Zecca dello Stato, 1986), p. 51.

29 Edgar Gorer and J.F. Blacker, *Chinese Porcelain and Hard Stones*, vol. 1 (London: Bernard Quaritch, 1911), plate 135.

30 [Edgar Gorer], *Catalogue of the Collection of Old Chinese Porcelain formed by Richard Bennett, Esq., Thornby Hall, Northampton* (London: [Menpes Printing and Engraving], [1911]), pp. 36–37, no. 212.

31 *Chinese Export Art* (New York: Christie's, 2008), 13, lot 18. 拍卖图录 2008 年 1 月 23 日。

32 Inventory, "Purchases for Pocantico Hills Home (Senior)," January 14, 1914, and April 16, 1914, Folder 1317, Box 133, Series I, Homes, Office of the Messrs. Rockefeller records (OMR), Rockefeller Archive Center.

33 Charles O. Heydt to J. Alva Jenkins, April 16, 1914, Folder 1685, Box 251, Series Financial Materials, John D. Rockefeller Papers, Rockefeller Archive Center.

34 Distributions, John D. Rockefeller 3rd, Folder 1652, Box 173, Series I, Homes, Office of the Messrs. Rockefeller records (OMR), Rockefeller Archive Center.

35 Invoice, Dreicer & Co., March 19, 1914, Folder 1320, Box 133, Series I, Homes, Office of the Messrs. Rockefeller records (OMR), Rockefeller Archive Center.

36 "Fifty New Yorkers Lost in First Cabin," *New York Times*, May 9, 1915; "Swam for Hours from Lusitania," *New York Times*, June 6, 1915.

37 Robert Crossley, "Circulatory Systems of Puzzle Jugs" in *English Ceramic Circle Transactions* 15, part 1 (1993), pp. 73–98.

38 Bernard Rackham, *Catalogue of the Glaisher Collection of Pottery and Porcelain in the Fitzwilliam Museum* (Cam-

39 奥古斯特还因赞助了欧洲第一个成功制作出硬胎瓷器的工厂而闻名。该工厂于 1710 年在迈森成立，最早的产品被称为"红瓷"（实则为红色陶器）。1713 年该厂开始生产著名的"迈森瓷"并持续至今。

40 *Inventarium über das Palais zu Alt-Dresden Anno 1721*, inv. no. 324, pp. 577–578, no. 27, Porzellansammlung, Staatliche Kunstsammlungen Dresden.

41 Ernst Zimmermann, *Chinesisches Porzellan und die Übrigen Keramischen Erzeugnisse Chinas*, vol. 2 (Leipzig: Klinkhardt & Biermann, 1923), p. 36, plate 157.

42 一个趣壶略胖些，盖已损坏。另一个颈部较高，有一侧受损。本书仅列举了第二个趣壶。

43 Crossley, "Circulatory Systems of Puzzle Jugs," pp. 73–75.

视觉游戏

Visual Puzzles

泛爱万物,天地一体也。[1]

——惠施(约公元前370—前310)

视觉游戏

机械类益智游戏的定义是:"通过手动操作达到某种目标的物件。"[2] 如七巧板通过组合拼成不同形状、金属丝类游戏通过移动部件被解套、穿插类游戏通过组合搭配成形,华容道按步骤移动方块让曹操逃脱、等等。但有一种视觉游戏却并不是通过操作,而是用大脑想象来解决的。

1998 年秋,张卫在香港著名的荷李活道翟健民的古玩店里看见了一个不寻常的连体童子方形铜镇纸,乍看上去只有两个孩儿,但实则有多个孩儿共享头、手臂与腿脚。张卫马上就被这个铜制四喜娃镇纸吸引住了。她拿起来翻来覆去地看,只见一个孩儿手持蒲扇,上臂被另一孩儿的手轻搭着,各自都戴着手镯、脚镯和肚兜,黄髫垂髫煞是可爱。镇纸外表磨损均匀光滑,显然有些年份了。

接下来几年我们又找到了十个类似但各有特点的镇纸。童子牵手的这个是张卫的最爱之一,其他还有童子手持连环、锭或如意的。

铜制镇纸上有几个童子?
明末至清初
长 6.2 厘米

铜制四喜娃镇纸
明末至清初
长 5 厘米

铜鎏金制四喜娃镇纸
明末至清初
长 6.5 厘米

这个在明清时期开始流行的"四喜娃"视觉游戏还有一个典故：

  传说明初江西出了个神童叫解缙，自幼能诗善文，熟读"四书五经"。中了进士之后，授中书庶吉士，深受皇上器重。幼时有一次老师叫他以"风调雨顺出嘉禾"为题作画。解缙画了幅如意灵芝，老师说太常见了，解缙画了幅迎福纳吉，老师又说太传统，毫无新意。解缙知道老师在故意刁难他，便一不做二不休，画了个双头八肢连体童子图。老师问他这是个什么怪物，解缙说他画的是"四喜合局"。老师说，只听说过"双喜"，哪有什么"四喜"？解缙曰："久旱逢甘雨，他乡遇故知，洞房花烛夜，金榜题名时，这便是人间四喜呀！"老师无言可对，就不再刁难解缙了。[3]

视觉游戏   267

【右页上图】
青玉雕四喜娃
18 世纪
长 4.8 厘米

【右页下图】
白玉雕四喜娃
约 1800 年
长 4.7 厘米

1999 年，我们在西安大清真寺外拥挤的古玩市场一家小店里找到了一个清朝象牙雕刻四喜娃小挂件，据说从店主太太的娘家传下来已有二百多年了。三年后，我们从洛杉矶拍卖会上购买了一个较大的民国象牙雕刻四喜娃摆件。早期写意的挂件与后期写实的摆件形成了有趣的对比。多年来，我们购得了几个类似的四喜雕刻件，但是这两件一直是象牙四喜中我和张卫的最爱。

同年，伦敦明清瓷器玉器知名古董商理查德与斯图尔特·马钱特在纽约苏富比的拍卖中购得加州圣莫妮卡的尼尔与弗朗西丝·亨特（Neal and Frances Hunter）夫妇收藏遗珍中的五个 18 世纪的玉雕四喜娃。我们去伦敦拜访他们的时候买了其中的两个。一个是青玉雕童子双手扣腰，一个是白玉雕童子手握锭和如意，两个都被原来的主人盘摸得十分温润光滑。

象牙雕四喜娃
右：清　长 3.2 厘米
左：民国　长 6.7 厘米

瓷器上的四喜娃

伦敦显然是我们淘康熙瓷的宝地。1999年夏离开伦敦的前一天,我一大早出门去诺丁山波特贝罗路(Portobello road)的周六古玩集市。我喜欢在街道变得拥挤以前赶到那里淘宝。这次在沃特·凡·哈姆(Wouter van Halm)的摊位上找到了一对罕见的康熙四喜娃挂件。白瓷清釉的童子身着红绿相间的肚兜,中间有长方孔,应该是用来穿布条或皮带的。

张卫向来对小巧玲珑的精美物件没有抵抗力,所以我二话不说要将其买下。与凡·哈姆议好价后却发现他不收信用卡,我的现金早已花光,支票簿又忘在了美国家中,这可如何是好呢?不料凡·哈姆大手一挥:"没关系!你到家给我把支票寄过来就行!"我高高兴兴地穿过已是熙熙攘攘的集市回到酒店,把挂件放到张卫手中邀功。张卫果然爱不释手,不敢相信还有这样毫无戒心的生意人。回到伯克利后我们马上把支票寄出,以后每当看到这个挂件都忍不住想起一路上碰到的真诚的人。

几年后我们在北京的古玩店看到了一个一模一样但有缺损的挂件,说明挂件当年并不是外销瓷器,而是给中国人自己用的。张卫说,估计这些是新婚洞房里挂在床幔上的。

康熙五彩瓷制四喜娃挂件(一对)
清康熙
江西景德镇
高 5.1 厘米

艺智堂里有件不可多得的康熙五彩带盖瓷盒，是 2004 年从马钱特父子那里购得的。盒子边缘有一圈釉下蓝，里面画满了亮丽的五彩。图案中的四喜娃手持象征着"必定如意"的笔、锭和如意，两个童子身着黄色肚兜，另外两个身着绿色肚兜，与背景的绿色混在一起，更容易让人误以为只有两个童子。

康熙五彩带盖
四喜娃瓷圆盒
清康熙
江西景德镇
高 6.5 厘米
直径 10 厘米

2005 年，我们从德国科隆的伦佩茨拍卖行（Auktionshaus Lempertz）购得了一对康熙五彩瓷盘。每个盘子里有五个铁红色的圆圈，每个圆圈里各绘有手持莲花的四喜童子。"莲"和"连"同音，寓意是"连生贵子"。盘底有个釉下青花的鼎标。

康熙五彩
四喜娃瓷盘（一对）
清康熙
江西景德镇
高 1.5 厘米
直径 22.7 厘米

视觉游戏　273

2013 年，又是在马钱特父子的帮助下，我们从伦敦西北的切尔滕纳姆（Cheltenham）的一家小型拍卖行拍到了一只康熙五彩的深碟盘。盘子的莲花状框内是细描淡绘的四喜童子。这只盘子来自弗朗西斯·保罗·奥兰多·布里奇曼司令官（Commander Francis Paul Orlando Bridgeman，1888–1930）的收藏。他是布拉德福德第三伯爵（Earl of Bradford）的孙子。不幸的是，1939 年 10 月 8 日伦敦仓库的一场大火烧毁了布里奇曼的大部分藏品，这个盘子是少数几件幸存的物品之一。

康熙五彩四喜娃瓷盘
清康熙
江西景德镇
高 4 厘米
直径 21 厘米

康熙末期，在 1720 年左右，随着粉色釉从欧洲引进，粉彩瓷器在景德镇诞生。粉彩瓷要经过两次烧制：先用白胎透明釉高温烧制，然后上粉彩釉第二次低温烧制。西方将这类瓷器称为"粉色家族"。18 至 19 世纪，西方对中国粉彩瓷的需求非常旺盛。

这只乾隆年间的景德镇外销四喜娃瓷盘是 1999 年我们在伦敦国王街上的古物古董中心（Antiquarius Antiques Center）杰弗瑞·沃特斯（Geoffrey Waters）的店里发现的。盘子白底清釉，盘沿较宽且饰有卷纹粉花，是典型的粉彩。盘底四瓣花的中心绘有手持莲花的四喜娃。

粉彩四喜娃瓷盘
清乾隆
江西景德镇
高 1.9 厘米
直径 22.7 厘米

我们在 2010 年从纽约的拉尔夫·M. 蔡特古董店购买了一对硕大的粉彩圆盘。手持牡丹笑容可掬的四喜童子坐落盘中央，被更多的牡丹缠枝环绕着。盘子底部是四个红描牡丹。有趣的是，我们在 2015 年从伦敦马钱特父子那里找到了一件图案一模一样的，只不过盘子小了很多。

粉彩四喜娃瓷盘
（一对）
清雍正至乾隆初
江西景德镇
高 4.8 厘米
直径 35.2 厘米

年画"六子争头"的
木雕板
20世纪末
河北武强
45.3厘米 × 34.2厘米 × 3.5厘米

"六子争头"

连体童子不仅仅限于四喜娃，中国传统文化中还有数量更多的连体童子。2002年，我们的好友及鲁班锁爱好者秦筱春（1946-2003）开车带我们去河北的武强年画博物馆参观。郭书荣馆长接待了我们这一车的益智游戏爱好者，并给我们讲解了武强木版年画的起源和悠久的历史。这些题材广泛、乡土气息浓郁的年画通常由各种神灵、吉祥寓意、历史典故等组成，反映人们对来年生活美满、繁荣昌盛的美好愿望。武强的年画作坊会早早地印好许多年画，为人们的农历新年做准备。武强年画的历史可以追溯到元代以前，在清代到达巅峰时期，那时武强的68个村庄的1587户家庭作坊都在制作年画，在全国有两百多个销售点。[4] 今天的武强年画博物馆的作坊延续传统，还在当地制作、销售年画。

我们一踏进博物馆就看见了入口处的连体六童子。郭书荣介绍说这是由清代年画"久久消寒图"演化而来的"六子争头"图。[5]

这幅很受欢迎的五色套印的年画是武强年画博物馆根据20世纪70年代的年画设计制作的，里面包含着农耕年鉴的元素。中间的六个连体童子被十二生肖环绕，正上方在年画标题下写着朗朗上口的数九歌，末尾一句是："九九加一九，遍地犁牛走。"

中央美术学院的薄松年（1932-2019）教授当时是这个博物馆的顾问。2005年，他帮我们找到了一套退役的武强"六子争头"年画木版和一沓当年这套木版印出来的年画。这套印版由两块双面（红和紫红、青与黄）和一块单面（黑）的刻版组成，用于五色套印。

【右页图】
年画"六子争头"
当代
河北武强
水墨纸本
45.3厘米 × 34.2厘米

19 世纪，大件青花瓷器物中六子的图案十分流行。2003 年初，斯图尔特·马钱特为我们找到了一件 19 世纪的六子青花凤尾尊，之后不久我们又在位于香港荷李活道已故古董商陈建忠店里的展窗内发现了一个六子大储冰罐。我们还在伦敦发现了一对带盖的六子将军罐，不过直到多年以后才买下它们。这些瓷器的共同点就是都有四组六子图，每组童子都在一个流苏环绕的画框里，每件顶部的如意纹和底部的装饰纹都一样。凤尾尊和将军罐的底部写有"成化年制"的伪记。从我们在中国看到的类似的残件推测，这些瓷器既内销也外销。

青花瓷六子连体凤尾尊
19 世纪
江西景德镇
高 38 厘米

青花瓷六子连体纹冰坛
19 世纪
江西景德镇
高 32 厘米

**青花瓷六子连体将军罐
（一对）**

19 世纪
江西景德镇
高 48 厘米

鼻烟壶上的连体童子

烟草在美洲种植的历史很久远,16 世纪通过欧洲的贸易商船传入东亚,并很快在中国种植抽食。明末清初社会各阶层不分男女用烟枪抽烟十分普遍。

鼻烟是烟草研磨成的极细的粉末,放置于精美小巧的瓶子里,很可能是 17 世纪中期由传教士从欧洲带入中国的。它以嗅闻的方式吸入鼻腔,较传统的烟斗更新潮,并被认为有药用,因此在 18 世纪的中国朝廷和上层社会中十分流行。

从 17 世纪末开始,北京的皇家造办处开始加工鼻烟并制作鼻烟壶。很快这些鼻烟壶在民间被仿制并流行开来,随之产生了各种各样匠心独具、材料各异的鼻烟壶。现今,鼻烟壶的收藏成为中国艺术品收藏的一张名片。[6]

由于鼻烟壶与益智游戏似乎较少关联,我们并没有留意。直到 2001 年旧金山亚洲艺术博物馆的中国装饰美术部主任谢瑞华将美国鼻烟壶收藏家鲍勃·史蒂文斯(Bob Stevens,1917–1980)的著作书页复印给我们,我们才眼前一亮。[7] 书页上有只画了四喜娃的扁圆青花瓷鼻烟壶,谢瑞华还在纸上写了几个字:童子们手持莲、笙、桂枝,寓意是"连生贵子"。从此,我们便睁大了眼睛,不放过任何一个能买到四喜娃鼻烟壶的机会。

我们先买到了鲍勃·史蒂文斯的那本书,从中知道他其实有两只一模一样的青花瓷鼻烟壶,都是一面绘有四喜娃、另一面绘有六喜娃。两只鼻烟壶都是浆胎瓷,相隔近十年分别在香港和美国购得。[8]

鲍勃·史蒂文斯去世后,他收藏的八百多只鼻烟壶由苏富比在 1981 年和 1982 年拍卖。我们从未奢望有朝一日能遇到一只像他拥有的那样的四喜娃鼻烟壶,但难以置信的是,2014 年 11 月,一只与书中完全相同的鼻烟壶在美国东海岸新英格兰的一个小拍卖会上突然出现。我们屏住呼吸直到悄悄地通过电话竞拍下来后,才兴高采烈地与朋友们分享这个好消息。鸿运难挡,2018 年 6 月,我们在旧金山的一个拍卖会上居然又购得了一只一模一样的。正如鲍勃·史蒂文斯一样,我们也配成了一对四喜娃鼻烟壶。

青花浆胎瓷连体童子鼻烟壶(前后两面)
18 至 19 世纪
高 5.6 厘米

视觉游戏　283

【右页图】
白地套红料
四喜童子鼻烟壶
18 至 19 世纪
高 6.5 厘米

2013 年 11 月，玛丽及庄智博（Mary and George Bloch）收藏的部分鼻烟壶在香港苏富比拍卖。其中有一只先前由香港收藏家莫士辉（Hugh Moss）拥有的白地套红料鼻烟壶引起了我们的注意。它十分精美，乳白色的玻璃壶体的前后两面上还有一层朱砂红玻璃，雕成了四喜童子像，与我们前面介绍的鲍勃·史蒂文斯的那对鼻烟壶如出一辙。童子们手持莲花、笙及桂花树枝，寓意"连生贵子"，表达对家族人丁兴旺的期待。我们不仅成功地拍到了鼻烟壶，还令人惊讶地一并收到香港画家彼德小话（Peter Suart）为此壶画的水彩，真乃喜上加喜。

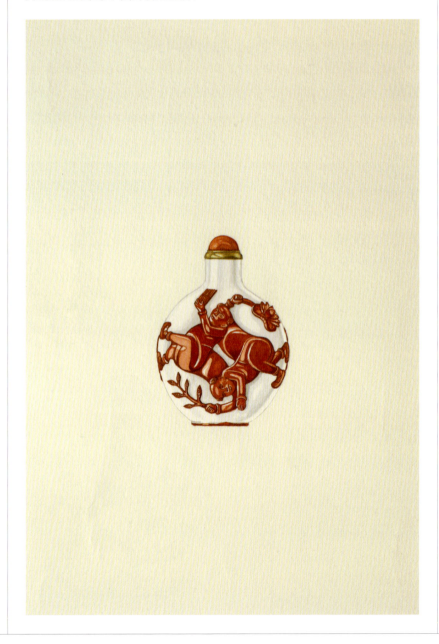

多子多福

祖先画像中的连体童子
18 世纪
水墨设色绢本立轴
192.4 厘米 × 91.4 厘米

1999 年在伦敦期间,我们去了位于圣詹姆斯区的本·延森(Ben Janssens)宽敞的公寓艺廊。我们曾经通过中间人从他那儿购买过一套罕见的象牙益智游戏,但这次是我们第一次见面。延森对我们不同寻常的收藏极有兴趣,并拿出一幅 18 世纪的中国祖先画像给我们看。幸亏他公寓的天花板够高,不然这幅两米半长的丝画轴根本无法完全展开,延森用了一根很长的带钩的杆子才勉强把画挂到了墙顶上。

画面中是正襟危坐的两对夫妇,背景是摆满了家具和书房用品的宽敞宗祠。清早期执行"剃发易服"的政策,但有"男从女不从"的例外,因此两对夫妇中的男方身着清代常服,女方却穿着明代补服。[9] 从后面供奉的牌位上的刻字来看,四位主人公都出生在清早期的康熙年代。

画轴上方居中显著部位有共享五个头的十个连体童子在叠罗汉。其中最上面的四个童子就是我们熟悉的四喜娃形象。他们手持传统乐器,最上面的童子拿着一面"喜自天来"的小旗。下面的六个连体童子共享三个头。有一双手拿着笔和锭,有一只手拿着如意,寓意是"必定如意",另有一只手则拿着笙,寓意是"生(子)"。加上后面桌上的寿桃和象征多子多福的石榴,主人希望祖先保佑家族人丁兴旺的意愿不言而喻,确是一幅非常难得的祖先画像。[10] 我们很开心地将此画纳入了艺智堂收藏。

2002年3月,我们的朋友张剑明在他上海豫园边上的茶馆里给我们看了一把民国时期的画有十三个连体童子的茶壶。"要不要?"他问道。嗨!这还用说吗?

茶壶上穿着鲜艳肚兜和鞋子的十三个童子分成了两组,在一个假山玲珑、桃花满树的花园里叠罗汉。一组九个童子共享五个头,另一组四个童子共享两个头。茶壶由江西义成公司生产,背面书有:"其巧联借拾三孙以意。"

十三个连体童子
带盖瓷茶壶
约民国二十三年(1934)
江西景德镇
高 15.5 厘米

买到茶壶仅仅七个月之后,我们去逛北京荣兴古玩市场魏大章的店时,发现他早已给我们准备好了一个茶叶罐子。虽然茶叶罐有裂纹、罐口一小块被磕掉了,我们还是如获至宝。这个茶叶罐子上绘有的连体童子与我们在上海买到的茶壶上的一模一样,只不过画的朝向相反而已。虽然画得不及茶壶上的那般精细,但从罐子上面的字来看,这个生产于1934年的罐子很可能与在上海买到的茶壶出于景德镇的同一个作坊。能让这两个失散近七十年的"弟兄"重聚,岂不是缘分?

**十三个连体童子
带盖瓷茶叶罐**
民国二十三年(1934)
江西景德镇
高 21.3 厘米

不寻常的山西宝贝

十个连体童子的银挂件
清末
山西
高 7.2 厘米

近十年来，中国传统益智游戏老物件越来越稀少。以前是只挑好的、现在是打着灯笼几个月也难找到个玩意儿，更别提精品了。行走中国这么多年，张卫除了与我一同在古玩城或乡村集市寻觅与益智游戏有关的古董，也顺便买了许多她自己钟意的小物件。不经意间，她已经有了个小具规模的银饰收藏，我们从北京古董商魏大星那里买到的连体十童子银挂件，更是极稀有的精品，让我们备感惊喜。

挂件十分漂亮。工匠利用锤揲工艺，将一块银片在模具上以锤敲之，使之延展，并打造出了半浮雕状的十个连体童子。其他的纹饰细节则被冲压或刻上去，整个银饰显得生动活泼。连体童子被分成了两组。右边的是四喜娃，左边的是连体六童子，各组皆有一个童子伸出手来抓住对方的脚踝，并以此相连。童子手持寓意"连生贵子"的莲花、笙和桂花。从银饰上方的"状元及第"四个大字来看，这很可能是送给一个男婴的礼物，希望他长大出人头地、光宗耀祖。美中不足的是银饰的银链以及五缕银穗子都已遗失。据山西晋城银饰藏家王龙分析，这个晚清时期的银饰极有可能出自太行山南麓的博爱县。

另一个有趣的六子连体的物件是平遥附近张兰古玩市场的小孟帮我们从乡下找到的。我们一进到他的店里，张卫就看上了这块棉印花方巾，可小孟说，这是给另外一个"不差钱"的顾客预留的。这是一块民国时期带手工缝衬里的印花巾，茄紫色的底面布满花卉藤蔓吉祥物，点缀着相配的青绿和米黄色，中间圆形纹环内印有连体六童子；布面内框的四角由如意纹及两只蝴蝶围绕着蜜瓜构成，象征着如意瓜瓞绵绵。小孟说不出这块布是做什么用的，我们觉得这可能是新娘的嫁妆。张卫特别喜欢，想买下，只可惜有人捷足先登了。不过第二年我们又经过张兰时，发现棉布巾尚未脱手，岂料即使这样小孟也毫厘不让，张卫只好说服了自己，恨恨地付了高价。

印有六个连体童子的棉布印花巾
民国
山西
88厘米 × 87厘米

我们东北大连的朋友韩玉春是一位书法家和设计师，深爱山西的民俗与文化，常花大量的时间在山西乡村考察采风。2013年，他在晋城的古玩店里看见了一块罕见的砂岩石质四喜娃的挡火石。挡火石在旧时的山西非常普遍，人们用它来挡住火炕添柴口冒出的火星。店主开始不愿意卖它，但当韩玉春挥毫写了一幅漂亮的书法赠予他后，最终改变了主意。拜赐韩玉春的支持，第二年我们去大连拜访他时，这块挡火石成了艺智堂的一件藏品。

砂岩石的四周都磨圆了，但这块挡火石上的四喜娃还是清晰可见、棱角分明。寓意"连生贵子"的盘长和莲花环绕着四喜娃，挡火石两肩各有一只背向彼此的坐猴。

后来我们找到了当初发现这块挡火石的古玩商宋裕龙。他说这块挡火石属于清早期，两年前是在沁水县的一户人家里发现的。我们随后把挡火石的照片给北京的那些专门交易山西石雕的古玩商们看，结果他们对这块曾被烟熏火烤、磨损严重的挡火石不屑一顾。评价不是"无重大价值"就是"上不了档次"。但谁又能知道这块挡火石上的益智图案四喜娃对于我们来说正是不可或缺的宝贝呢！

**砂岩石质雕
有四喜娃的挡火石**
清初
山西
高 32.5 厘米

晋城附近的晋东南是中国传统民居最密集的地方。[11] 晋城收藏家樊利民在高平附近从正在拆除的民居中抢救出了一块清代的民居门楣。上面十八个嬉戏的童子中有几个的身体部位是共享的。这件木雕现藏于晋城博物馆，其独特之处在于它不是对称的，童子们没有安置在传统的四或六人组中。

**有连体童子的
民居门楣木雕**
清
山西高平
宽 115.5 厘米
高 26 厘米

四喜人的起源

为了帮助我们了解四喜娃的起源，我们北京的朋友傅起凤给我们看了一本关于西藏阿里地区古格王朝寺庙壁画的画册。[12] 其中一张是王宫城堡内红殿墙壁上画着与四喜娃结构十分类似但体貌非中国汉人的连体人。古格王朝建于10世纪末，1630年被拉达克王朝所灭，那么这种连体图案是不是最早从西藏传入的呢？

陕西考古研究院的张建林教授曾经几度赴藏去考察古格。他告诉我们土林的白殿和附近的托林寺里也有类似的连体人，[13] 并建议从护经板上寻找更多的例子。早期西藏翻译印度佛教经文都是写在中国内地输入的散纸上面，叠在一起后用两块木板夹护，最后用皮绳捆扎好。这些护经板的材料来自境外硬木，正面有佛教题材的绘画或镏金的雕刻，华丽无比。直到今天，这些成百上千的经文仍旧整整齐齐地放在西藏的各个寺庙里，被奉为神圣的珍宝。[14]

说来也幸运，张建林教授建议我们留意护经板之后的一年，我们就有缘在伦敦古董商法比奥·罗西（Fabio Rossi）那儿找到了一片来自比利时收藏的13世纪西藏护经板。护经板中心是盘坐在狮座上的释迦牟尼佛，被神物

拱绕着。[15] 拱形右侧的圆圈内有四个类似四喜娃的连体人、与古格王朝红殿中的连体人一样，他们都戴有手镯、脚镯和头饰。

古格王朝最为人所知的便是大力弘扬佛法的藏王益西沃（约959–1040）和年仅十八岁就去克什米尔、东印度学习佛经的仁钦桑布（958–1055）。仁钦桑布十三年后学成回到古格，毕生投入到翻译、校订梵文佛教经典之中。996年，在益西沃的资助下，仁钦桑布第二次前往克什米尔，并带回了三十二个克什米尔工匠，为古格王朝修建了许多庙宇和寺院。因此古格王朝别具一格的绘画雕塑风格源于克什米尔地区。

那么四个连体人的图案是克什米尔工匠们带来的还是源于中国中原地区？由于绝大多数克什米尔的庙宇、寺院、佛教圣地都在1753年以前被伊斯兰统治者销毁殆尽，我们也许永远无从知道问题的答案了。

有四个连体人雕刻图案的木质护经板
13世纪
西藏
长32.5厘米

视觉游戏　295

三兔图形

中国敦煌莫高窟
1907 年
英国探险家
奥莱尔·斯坦因
(Aurel Stein) 摄

【右页图】
彩绘三兔图案
隋
甘肃莫高窟 407 窟
敦煌研究院提供

中国连体图案不仅有人物还有动物。比较有名的例子是敦煌莫高窟窟顶藻井中央的三兔共耳图。图案中每只兔子都有两只耳朵,可是三只兔子总共却只有三只耳朵。敦煌是丝绸之路上连接中国与南亚、古代伊朗、罗马帝国的千年重镇,亦是古老的朝圣路上的重要站点。在一千多个佛窟里,神秘的三兔图案至少在隋、唐和五代的十六个洞窟里出现。

2001 年,我和张卫第一次来到敦煌,看过的二十个洞窟中六个有三兔图案。那些洞窟的顶部绘有类似华盖的图纹,中央是三只在一个圆圈里永恒追逐的兔子,每对相邻的兔子都共享一只耳朵。回家后我们做足了功课,把有关敦煌的书中提到的有三兔的洞窟列了个清单。第二年,我们再访敦煌,拿着清单找到了樊锦诗院长。[16] 她正在办公室里忙着看文件,听我们详尽说明正在研究的课题后,樊院长说:"那就看看吧!"

在所有有三兔图案的隋代窟穴中,第 407 窟是最为壮观的。干燥的沙漠气候使得窟穴保存得很好,窟顶艳丽的华盖有朵双层八瓣莲花,中央是三只四肢完全伸展的兔子以逆时针方向奔跑,它们的眼睛、四肢和脖子上的白色飘带清晰可见。有八个飞天环绕着莲花飞行,保持着与兔子奔跑一致的方向,简直令人眼花缭乱!(有趣的是,其他洞窟的三兔奔跑的方向都是顺时针。)

常书鸿(1904–1994)年轻时曾留学法国学习艺术。他后来放弃了在巴黎的艺术研究,将自己的一生投入到研究和保护敦煌艺术的事业中,成为敦煌研究院的创始人。他对三兔图案曾有过这样一番描述:

尤其新颖的是,第 407 窟隋窟藻井,在华盖图案中心,绘制了一朵丰硕的莲花,花心有三只兔子向一个方向奔跑。三只兔子只绘了三只耳朵,每一只兔子借用另一只兔子的耳朵。这是艺术匠师多么巧妙的创作。[17]

另一个值得一提的是 139 窟的三兔图案。我们近期的研究工作显示 139 窟是一个世家大族的家庙窟，由和尚阴海晏在唐朝灭亡十九年后的 926 年建造。[18] 也许因为进入洞窟比较困难，这里的三兔图案保存得最好。139 窟是在 138 洞窟入口的右壁上开凿出来的小窟。开口狭小，离地面很高。我们的导游允许我爬上搭起来的箱子，扒着开口处往里张望。在电筒的帮助下，我抬头张望，忽然眼前一亮：窟顶华盖中央有三只极其精美的兔子在八瓣莲花中央追逐。在当天的笔记中，我的兴奋跃然纸上："淡褐色的兔子、浅绿色的背景，每只兔子都绘制精细。兔子的特征清晰可见，有嘴巴、鼻子、眼睛（还带眼球！）、四条腿、四只脚（还带脚趾！）和尾巴。甚至连兔子肚子、胸、腿和头上的毛都画出来了。"

既然这些兔子在神圣的佛窟中占据了最中心的位置，那它们一定有什么特殊含义才会如此受人膜拜。然而我们未能在当代文本中找到任何有关解释，也不知当初创作这些图案的画师想传达什么象征意义。

彩绘三兔图案
五代
甘肃莫高窟 139 窟
敦煌研究院提供

2004年，我们去兰州拜访了研究敦煌壁画图饰五十余载的敦煌研究院退休研究员关友惠先生。[19]他认为三兔图案虽在中原地区无法寻得古老的例证、但很可能是从西域（中亚）传到中原地区后再间接传到敦煌的。关友惠先生还说：

与关友惠和大卫·辛马斯特讨论三兔图案
兰州
2004年

> 这三兔图案只是整个敦煌装饰艺术的一小部分，当我们看窟顶的周边图案时，我们注意到许多来自西域。这些图案很可能是隋朝时期由粟特人先带到中原的，随之流传到了莫高，当地的艺术家收集各种图案，用以敦煌窟顶的设计。[20]
>
> 隋朝的艺术家负有宗教使命，他们将从粟特人那里学来的设计元素用于莫高窟中并赋之新的宗教意义。在唐朝窟穴中，艺术家只是简单地选择和使用具有吉祥寓意的图案，其宗教意义就没有那么重要了。兔子与众多的中国民间艺术图案一样，是吉祥的象征，它代表了和平与安宁。[21]

与我们一同去敦煌和兰州的除了来自伦敦的益智游戏历史学家大卫·辛马斯特（David Singmaster）教授、还有英格兰德文郡三兔研究会的汤姆·格里夫斯（Tom Greeves）、苏·安德鲁（Sue Andrew）和克里斯·查普曼（Chris

橡木制有三兔图案梁交点装饰
15世纪　英国德文郡南托顿村
圣安德鲁教堂

石制有三兔图案梁交点装饰
14世纪　法国阿尔萨斯维森堡
圣徒彼得和保罗修道院

视觉游戏　299

Chapman）。后三位专家的探索始于 1987 年在当地一所教堂里发现了一个 15 世纪橡木雕刻的三兔造型被用来遮盖天花板上两根梁木的交接点。由此引发的兴趣让他们在接下来的 25 年里不断地追踪研究英国、欧洲大陆、亚洲任何与三兔主题有关的例子。

这三位专家认为三兔图案起源于拜火教盛行的东伊朗、经数百年流传到欧亚大陆的边缘，很有可能是通过商人们的丝绸织物和金属制品、工匠们的记忆或花样绘本流传的。在流传中，三兔被其他文化和宗教接纳采用并被赋予了新的寓意。从莫高窟的佛窟壁画，到中亚、中东伊斯兰教的器皿、盘盏和硬币，从欧洲基督教及犹太教的装饰、抄本到墓碑，都可见一斑。[22] 专家还认为，现在三兔图案仍然在给全世界的艺术家和手工艺人带来创作灵感：

> 三兔图案是世界同源的共鸣，将东方和西方永远绑定在美学、神秘与幻想的永动之中，包含了尘间世事以外的信息。它通过寻求精神上的觉悟与体验，直达人文的本质。[23]

有三兔图案的黄铜托盘
东伊朗　12 至 13 世纪初
高 3.2 厘米
直径 18.3 厘米
达拉斯艺术博物馆

三兔共耳图真的算是益智游戏吗？辛马斯特教授还在19世纪的七本英国、美国的谜题书中发现过。最早的是1831年出版的莉迪亚·玛丽亚·柴尔德（Lydia Maria Child，1802–1880）的《小女孩自己的书》，书中写道："你能画出三只兔子、它们加起来总共只有三只耳朵、但每只兔子又有两只自己的耳朵吗？"[24] 这个益智游戏后来还出现了拼图版本、由三个用不同颜色硬纸板做的兔子组成、题为"三兔：一个最令人困惑的谜题"、并附有解题诀窍：

三只兔子出去玩，

去时两耳回时单。

解开谜题只要看，

单耳如何变成双。

欢迎大家按图描绘、剪下拼图、动手拼拼看。

三兔：一个最令人
困惑的谜题
约 1900 年
英格兰
英国德文郡的
益智游戏博物馆

三鱼共头

中国连体动物的另一个图案是三鱼共头。这三条鱼鱼尾向外、共享一个头、一只眼。清中期以来的近二百年里，河北武强西南的旧城村有五六个家庭作坊一直在生产木版年画，传承了六代的贾家的生意尤其兴隆。1937年，日本侵华带给中国的社会动荡让所有与民俗有关的生意一落千丈，贾家无奈只好歇业。20世纪40年代，业主贾董杰将作坊里的五百二十多块刻版分给了他的两个儿子，希望有一天他们能各自重振祖业。

由于连年的战乱、水灾以及后来的政治运动，贾家兄弟未能继承祖业。其中一个兄弟悄悄地将自己分得的印版藏在了老屋的楼顶夹层中，并未告知家人。他去世后老屋传给了他的儿子，但因年久失修、常年无人居住。直到2000年，屋顶的天花板突然脱落，露出了一块红色的印版，楼顶夹层中封藏了近六十年的印版才得以重见天日。三年后，贾家后人将印版卖给了武强年画博物馆，博物馆对印版进行了抢救性挖掘和保护。抢救出的159块印版中有一块是清同治时期的"三鱼争月"。

2005年8月，艺智堂收藏有幸得到武强年画博物馆赠予的几张"三鱼争月"古版印制的年画。年画正中是共享一头的三条鲤鱼，鱼身各自向外延伸，右上方题有"三鱼争月"四字，下方两角还有两组小三鱼共头图。

鱼儿争月又是为哪般呢？传说鲤鱼跳过黄河峡谷上的龙门就会变化成龙。"月""跃"同音，故而鲤鱼不是在争"月"，而是"跃"跃欲试。自古以来"鲤鱼跳龙门"成为人们对科举考试取得成功的代称。这幅年画便是鼓励人们努力进取、出人头地。[25]

"三鱼争月"年画
清同治版现代印
河北武强
水墨纸本
34.3厘米 × 46.8厘米

早期的三鱼共头的图案能在东汉时期的石刻上看到。河南登封市嵩山南麓的太室祠（现称中岳庙）的太室阙上就有一个三鱼共头的图案。陕西韩城曾出土了一个元代瓷制刻有三鱼共头图案的扁壶、现藏于西安的陕西历史博物馆。

已知最早的三鱼共头的图案出现在公元前1450至前1400年的埃及第十八王朝的绿松石锡釉小陶碗内。[26] 图案中的尼罗河罗非鱼在埃及图纹中象征着重生。另一个4世纪后期的三鱼共头的图案出现在黑山海上彼得罗瓦茨（Petrovac）的一栋别墅的马赛克地面残片上。这个图案的其他例子还出现在意大利和西班牙的伊斯兰陶瓷上，包括一件13至14世纪巴伦西亚附近的帕特纳（Paterna）的盘子。在法国、它们出现在艺术家维拉尔·德·奥内库尔（Villard de Honnecourt）约1235年的素描上，以及吕克瑟本笃会修道院（Benedictine Abbey of Luxeuil）的拱心石上。在英格兰，约出版于1300年的《彼得伯勒诗篇》的彩色插图中有一头野猪在嗅共着头的三条鱼，野猪对猎人即将刺向自己的长矛毫不知情，而猎人的背后还有一只跟踪他的豹子。[27]

我们以一幅令人震惊的13世纪绘画作为本章结尾。它集三种东、西方通用视觉游戏图案于一身：三鱼共头、四兔共耳及三兔共耳、另一个图案是三个面孔共享两只眼睛。[28]该绘画出自法国兰斯的彼得·里加（Petrus Riga，约1140–1209）的伟大的圣经诗作《极光》的抄本。[29] 里加用诗文对《圣经》评注、用寓言来解释道德。据推测、三鱼、三兔和三面孔是圣三一体的助记符。[30]

褐釉三鱼纹贯耳壶
元
出土于陕西韩城
高30.5厘米
陕西历史博物馆

绿松石锡釉三鱼及莲花纹陶器碗
公元前1450至前1400年
埃及底比斯
高3.7厘米，直径10厘米
柏林埃及博物馆

三鱼、四兔、三兔及三面孔连体图
彼得·里加的《极光》手抄本插图
绘图者不详
法国
13世纪
法国欧塞尔市图书馆

注 释

1 刘文典：《庄子补正》，北京：中华书局，2015年，第893页。

2 Jerry Slocum, *The Art of the Puzzle: Astounding and Confusing* ([Katonah, NY]: Katonah Museum of Art, [2000]), p. 2.

3 故事改编自完颜绍元、张德宝：《中国吉祥图像解说》，上海：上海书店出版社，1997年，第155–157页。

4 冯骥才：《武强秘藏古画版发掘记》，北京：西苑出版社，2004年，第77页。

5 王树村：《中国年画史》，北京：北京工艺美术出版社，2002年，第218–220页。书中的这幅清代的杨柳青年画的刻版已不存在，但北京的首都博物馆藏有一幅原印的年画。

6 Carol Benedict, *Golden-Silk Smoke: A History of Tobacco in China, 1550–2010* (Berkeley: University of California Press, 2011), pp. 1–2, 18–25, 110–115.

7 Bob C. Stevens, *The Collector's Book of Snuff Bottles* (New York: Weatherhill, 1976), pp. 92–93.

8 Ibid., p.87.

9 缪良云：《中国衣经》，上海：上海文化出版社，2000年，第93页。

10 Terese Tse Bartholomew, *Hidden Meanings in Chinese Art* (San Francisco: Asian Art Museum, 2006).

11 中国明代以前的木制建筑有70%在山西，包括七座最古老的建筑，其中大部分在晋东南。我们尚不知是否有类似的全国明清建筑的调查。Nancy Shatzman Steinhardt, *Chinese Architecture: A History* (Princeton: Princeton University Press, 2019), p. 126, 169；杨子荣：《论山西元代以前木构建筑的保护》，《文物季刊》，1994年第1期，第62页；贺大龙：《长治五代建筑新考》，北京：文物出版社，2008年，第1页。

12 金维诺：《西藏阿里古格王国遗址壁画》，石家庄：河北美术出版社，2001年，第10页。

13 西藏自治区文物管理委员会：《古格故城》下，北京：文物出版社，1991年，彩版11；彭措朗杰、次多、张建林：《托林寺》，北京：中国大百科全书出版社，2001年，第60–61页。

14 David Weldon, *Guardians of the Sacred Word: Early Tibetan Manuscript Covers, 12th–15th Century* (London: Rossi & Rossi, 1996).

15 要了解西藏图形的意义，参见 Robert Beer, *The Encyclopedia of Tibetan Symbols and Motifs* (Boston: Shambhala, 1999), pp. 65–90。

16 Duan Wenjie, *Dunhuang Art Through the Eyes of Duan Wenjie*, ed. Tan Cheng (New Delhi: Indira Gandhi National Centre for the Arts, 1994), pp. 291–417；关友惠：《敦煌石窟全集》第13–14卷，香港：商务印书馆（香港）有限公司，2003年。在现存的735个莫高窟窟穴中，有492个被装饰。绘有三兔图案的十六个窟穴分别是第99、139、144、145、147、200、205、237、305、358、383、397、406、407、420和468窟。此外，第127窟绘有三只风车状不连体的兔子。

17 常书鸿、李承仙：《敦煌飞天》，北京：中国旅游出版社，1982年，绪言。

18 张景峰、顾淑彦：《敦煌莫高窟第138窟供养人画像再认识》，《艺术百家》2009年第3期，总第108期，第17–23页。

19 关友惠：《敦煌装饰图案》，上海：华东师范大学出版社，2016年，第84–86页。

20 粟特人是来自中亚操伊朗语族东伊朗语支的古老民族，其原始驻地大致相当于现在的乌兹别克斯坦。粟特人从公元前2世纪到公元10世纪是丝绸之路上主要的贸易商人，来往于西部拜占庭帝国和东部的长安之间。坟墓中出土的粟特人纺织品和金属器具的设计反映了他们的活动和宗教信仰。

21 关友惠：笔者的采访，兰州，2004年8月21日。

22 Tom Greeves, Sue Andrew, and Chris Chapman, *The Three Hares: A Curiosity Worth Regarding* (Devon, England: Skerryvore Productions, 2016).

23 苏·安德鲁、汤姆·格里夫斯、克里斯·查普曼：《探索连耳三兔神圣的旅程》，论文宣讲，2004年石窟研究国际学术会议，甘肃敦煌，2004年8月。

24 Lydia Maria Child, *The Little Girl's Own Book* (Boston: Carter, Hendee, and Babcock, 1831), p. 135.

25 冯骥才：《古版"三鱼争月"考析》，《河北日报》，2003年11月28日。

26 *Egypt's Golden Age: The Art of Living in the New Kingdom, 1558–1085 B.C.* (Boston: Museum of Fine Arts, 1982), p. 143.

27 Jurgis Baltrušaitis, *Le Moyen Âge fantastique: antiquités et exotismes dans l'art gothique* (Paris: Flammarion, 1981), pp. 134–136.

28 在基督教问世之前，欧洲的异教凯尔特（Celtic）部落就出现了三个连体面孔共享两只眼睛的图像。一个值得一提的例子是法国现兰斯附近雷米（Remi）部族的石柱上的一组三个面孔的图像。在中世纪及文艺复兴时期，三个面孔作为代表三位一体的图像出现在教堂和城堡中，尤其是在法国和意大利。其他版本出现在 14 世纪的手抄绘图但丁《神曲》的插图中；佛罗伦萨旧宫由阿纽洛·迪·科西莫（Agnolo di Cosimo）于 1565 年绘制的天花板壁画上；奥诺雷·杜米埃（Honoré Daumier）于 1834 年制作的法国国王路易－菲利普一世（Louis Philippe I）的讽刺漫画上。我们不曾见到或听说过任何远东的三个面孔共享两只眼睛的图像存在。

29　Petrus Riga, "Aurora" (13th c.), MS 0007, f.0001v, Auxerre Bibliothèque Municipale, France.

30　Ministère de l'Instruction Publique et des Beaux-Arts, *Catalogue Général des Manuscrits des Bibliothèques Publiques de France,* vol. 6 (Paris: Plon, 1887), p. 8.

致谢

没有来自社会各界的支持,我们难以想象如何能够完成这项艰巨的写作。借此机会,我们向所有帮助过我们的国内外研究人员、学者、图书馆档案馆馆员、古玩商、收藏家、志愿者们、亲朋好友及同好们致谢!

特别鸣谢对我们工作起到过关键作用的以下六位:美国益智游戏收藏家斯坦·艾萨克斯(Stan Isaacs)介绍我们加入国际益智游戏群体,让我们第一次接触到了这个充满世界益智游戏藏家、爱好者及经销商的新天地。美国益智游戏收藏家及历史学家杰瑞·斯洛克姆不仅将我们带上了益智游戏收藏之路,还给过我们无数建议和帮助。前旧金山亚洲艺术博物馆中国装饰美术部主任谢瑞华是第一个鼓励我们深入研究中国益智游戏的人,也是我们研究益智游戏中的民俗文化的导师。余俊雄将中国的智友介绍给我们,并在北京玩具协会的旗下成立了北京益智玩具研究小组。中国科学院考古研究所的苏荣誉教授不仅在各方面给予过我们极大的帮助,还随我们实地考察、将国内各地的专家介绍给我们,解答专业上的疑难。旧金山亚洲艺术博物馆现代艺术部主任陈畅(Abby Chen)为我们在旧金山和纽约的展览搭桥铺路,让我们深藏闺中的益智游戏精品得以与观众见面。

早在筹划第一次益智游戏展览时,我们的好友,旧金山亚洲艺术博物馆董事李萱颐(David Lei)就告诉我们:"办展不出展览图录,五年后就如同没有办过展览一样。"伦敦大学东方与非洲研究学院的教授及亚洲游戏专家卢庆滨(Andrew Lo)鼓励我们"尽快出书"。芝加哥艺术博物馆亚洲艺术部主任汪涛建议我们在书中写下收藏二十载的心得。没有这三个朋友的鞭策,这本书也许今天还没开始动笔。

千里之行,始于足下。走了这么远的路后再回首,真要感谢所有鼎力帮助过我们的人。莱顿大学的 Dic Sonneveld 花费了无以计数的时间,多次帮助我们解决了学术难题。其他为我们提供过各种各样帮助的人还包括:余俊雄、周伟中、姚毓智、张建林、禚振西、薄松年、樊锦诗、刘高、陈玉祥、陈荣海、帅玉田、刘宗涛、张志辉、朱帅、柯惕思（Curtis Evarts）、布威纳（Werner Burger）、Glenn Vessa、Peter Friedhelm von Knorre、Sue Andrew、Tom Greeves、Chris Chapman、David Singmaster、James Dalgety、Christiaan Jörg 和 Benjamin Asmussen。许多朋友和同好们审阅过我们的书稿并提出过宝贵意见：萧国鸿、David Rasmussen、Steven Rasmussen、Norman Sandfield 和 Nan Chapman。

我们还要感谢使书中藏品生辉的摄影师 Germán Herrera、刘念（Niana Liu）以及孔祥哲。最后向使这本书得以问世的三联书店的编辑曾诚及设计师李猛、杜英敏、宗国燕致谢。我们对书中可能出现的错误或纰漏负责，欢迎大家指正。

许多机构和单位向我们开放了研究资源、提供工作人员服务及分享其收藏图片，在此向他们致谢：中国的故宫博物院、陕西历史博物馆、福建博物院、南京博物院、扬州博物馆、郑州博物馆、邯郸市博物馆、晋城博物馆、临海市博物馆、武强年画博物馆、景德镇陶瓷学院、敦煌研究院以及高雄科学工艺博物馆。海外的 British Museum、Victoria and Albert Museum、Liverpool Museum、Pitt Rivers Museum、Royal Albert Memorial Museum、Corinium Museum、Metropolitan Museum of Art、Winterthur Museum、Asian Art Museum of San Francisco、Rijksmuseum、Keramiekmuseum Princessehof、Nationalmuseet Danmark、National Museum of Iran、Archaeological Museum in Zagreb、Vinkovci City Museum、Staatliche Kunstsammlungen Dresden、Ägyptisches Museum und Papyrussammling Berlin、British Library、Cambridge University Library、Rockefeller Archive Center、New York Public Library、Harvard Houghton Library、Getty Research Institute Library、East Asian Library of the University of California at Berkeley、Stanford University Library、Berkeley Public Library、Oakland Public Library，以及 Christie's 和 Sotheby's 拍卖行。

我们双方的亲属也都参与了进来，在北京的张卫的妹妹及妹夫多年来无数次事无巨细地帮助我们；彼得的两个弟弟为此书的英文初稿提供了有价值的建议和编辑反馈。我们为有这样的亲属而感到自豪。

在所有参与这项工作的人中，我们最要衷心感谢的是旧金山艺术家刘念。在过去的十二年里，她的工作涵盖了调查采访拍摄、中英文书稿翻译编辑、此书的基础设计及藏品摄影的造型设计等。她是我们团队不可或缺的一员。

最后感谢热情好客的中国人民,是他们使我们的旅行变得更加丰富多彩,充满了故事和意义。

雷彼得　张卫

于美国加利福尼亚州伯克利市

2020 年 5 月

图像来源

Germán Herrera（加州圣拉斐尔市），摄影：

10 下、12–18、20–23、25–33、35–36、38、41、43、46–56、57 下、58–61、78 下、80–81、83–85、92、94、95 下、96–98、99 左、102–107、111–121、127–128、131–132、135–143、145、147–157、159 下、165、172、174–176、178–179、183–187、189–193、195–199、205–206、208、210–213、215–221、223、226、228–229、231、232 下、235–237、243–245、249–252、254、262、266–267、269–277、279–285、288–291、294–295、302

刘念（旧金山），摄影、插画：

9 下、10 上、11、40、42、44–45、57 上、62 下、63–65、67–70、71 上、72、74–75、90、93、99 右、100–101、108–110、126、130、158、159 上、160–163、166、180、233 下、258 右、268、306

孔祥哲（北京），摄影：

9 上、123–125、278、292

施胜中（高雄），动画：

170 中下、177、203、232 上、233 上

中国传统益智游戏基金会：

8、66 上右、66 下、82、95 上、133–134、170 上、286–287、293

以上图像由中国传统益智游戏基金会所有。未经许可，不得使用。

The above images are copyright © 2020 by the Classical Chinese Puzzle Foundation, P.O. Box 10191, Berkeley, CA 94709, USA. All rights reserved.

有关高清图像的使用及博物馆借展信息，请联系：info@c2p2.org

其他图像

62 上：陈玉祥，湖北天门

71 下：帅文卫，武汉

78 上：Pitt Rivers Museum, Oxford

79：Cambridge University Library. MS Add. 9455vol2_p280

86：中国社会科学出版社，北京

122：生活·读书·新知 三联书店，北京

167：Metropolitan Museum of Art, New York, Cesnola Collection, purchased by subscription, 1874–1876

168：Ahmad Hosseini, Tehran

169：© Victoria and Albert Museum, London

170 上：李晋川，北京

182：National Heritage Board, Singapore

194：New York Public Library Digital Collections

200、224、255 上左：Rijksmuseum, Amsterdam

201：Damir Doračić, Archaeological Museum in Zagreb, Croatia

202：临海市博物馆，浙江

214：The Chinese Porcelain Company, New York

222：南京博物院

238、241：National Museum of Denmark, Copenhagen

239：Benjamin Asmussen, Maritime Museum of Denmark, Helsingør

242、248：Sotheby's, New York

246：© Rockefeller Archive Center. John D. Rockefeller Jr. family photographs, Series 1005. Photographer: Ira Hill

247、253：© Rockefeller Archive Center. Office of the Messrs Rockefeller (OMR) records, Series Homes

255 上右：Rob Michiels Auctions, Bruges

255 下左：Aronson Antiquairs, Amsterdam

255 下右：Christie's, London

257：© Porzellansammlung, Staatliche Kunstsammlungen Dresden. Photo by Adrian Sauer

258 左：Royal Albert Memorial Museum & Art Gallery, Exeter, England

286–287：Tony Molatore, Berkeley Giclée, Berkeley, California

296 上：© The British Library Board. Photo 392/56(690)

296 下、298：© 敦煌研究院，甘肃敦煌

297：© 敦煌研究院，甘肃敦煌。吴健摄影

299–300：© Chris Chapman Photography & Film, Throwleigh, Devon, England

301：© 2020, James Dalgety, PuzzleMuseum.org

303 上：陕西历史博物馆，西安

303 中：bpk Nildagentur / Ägyptisches Museum und Papyrussammling, SMB / Sandra Stei. / Art Resource, NY

303 下：Bibliothèque municipale d'Auxerre, France

Copyright © 2021 by SDX Joint Publishing Company.
All Rights Reserved.
本作品版权由生活·读书·新知三联书店所有。
未经许可，不得翻印。

图书在版编目（CIP）数据

趣玩.Ⅱ，中国传世智巧器具/（美）雷彼得，（美）张卫，（美）刘念著. — 北京：生活·读书·新知三联书店, 2021.3
ISBN 978-7-108-06965-8

Ⅰ.①趣⋯ Ⅱ.①雷⋯ ②张⋯ ③刘⋯ Ⅲ.①智力游戏-介绍-中国-16—20世纪 Ⅳ.① G898.2

中国版本图书馆 CIP 数据核字 (2021) 第 018103 号

责任编辑	曾　诚
装帧设计	李猛工作室
设计协力	杜英敏　宗国燕
责任校对	张国荣
责任印制	宋　家
出版发行	生活·读书·新知三联书店 北京市东城区美术馆东街 22 号　100010
网　　址	www.sdxjpc.com
图　　字	01-2021-0091
经　　销	新华书店
印　　刷	天津图文方嘉印刷有限公司
版　　次	2021 年 3 月北京第 1 版 2021 年 3 月北京第 1 次印刷
开　　本	787 毫米 × 1092 毫米 1/16　印张 19.75
字　　数	169 千字　图 548 幅
印　　数	00,001-10,000 册
定　　价	148.00 元

印装查询 010-64002715　邮购查询 010-84010542